CHARLOTTE AUZOU

NÄH DICH DURCHS JAHR

12 MONATE – 12 OUTFITS

südwest

INHALT

VORWORT 5

JANUAR 6

Wollkleid 8
Elegante Tasche 12

FEBRUAR 16

Pyjamajacke 18
Pyjamahose 22

MÄRZ 26

Steppjacke 28
T-Shirt 32
Minirock 34

APRIL 38

Etuikleid 40
Stirnband 44

MAI 46

Geknöpfter Rock 48
Romantische Bluse 52

JUNI 56

Festliches Kleid 58
Blumenhaarschmuck 62

JULI 64

Strandkleid 66
Strandtasche 70

AUGUST 74

Trägertop 76
Maxirock 80

SEPTEMBER 82

Hemdbluse 84
Hose 90
Gürtel mit Schleife 96

OKTOBER 98

Sweatshirt 100
Streifenrock 104

NOVEMBER 108

Mantel 110
Strickkleid 116

DEZEMBER 120

Abendkleid 122
Abendtasche 126

NÄHTECHNIKEN 130

Allgemeine Hinweise 131
Eine Nähmaschine aussuchen 132
Material 133
Das Nähprojekt vorbereiten 135
Mit der Nähmaschine nähen 136
Feinarbeiten 137
Einen Saum nähen 138
Abnäher nähen 139
Ein Schrägband annähen 141
Ein Schrägband herstellen 142
Knöpfe mit Stoff beziehen 143
Einen Reißverschluss verdeckt einnähen 144
Einen Ärmel einsetzen 145
Eine Paspel anbringen 146
Ein Band herstellen 147
Einkräuseln 148
Jersey nähen 149
Einen fließenden und feinen Stoff nähen 150

DANK UND HINWEISE ZU DEN STOFFEN 151

VORWORT

Zwölfmal Kleidung für die zwölf Monate des Jahres: einen Mantel für den Winter, ein Kleid für eine Hochzeitsfeier im Juni, eine hübsche Tasche zum Ausgehen, ein Schlafanzug für ein gemütliches Wochenende ... Der Jahresverlauf bietet viele Anlässe, für die Sie sich Mode nähen und Accessoires selbst kreieren können. In diesem Buch zeige ich Ihnen, wie Sie Ihre Garderobe fürs ganze Jahr nähen können.

Ich habe für Sie Kleidung entworfen, wie ich sie mir für das kommende Jahr vorstellen könnte. Dabei habe ich mich von modern bedruckten Stoffen und edlen Materialien inspirieren lassen. Die Modelle, die ich Ihnen vorschlage, sind außerdem geeignet, um Ihnen neue Nähtechniken zu zeigen.

Ein Hauch von Gold, ein Blumenmuster, rückenfreie Kleider und vieles mehr ... Sie finden in diesem Buch den Stil, der für mein Label »Atelier Charlotte Auzou« typisch ist. Sie müssen die Kreationen aber nicht genau so anfertigen, wie sie hier gezeigt werden, denn sie lassen sich nach Ihren persönlichen Vorstellungen individuell gestalten und abändern.

Ihrer Kreativität sind keine Grenzen gesetzt – legen Sie los!

Und wenn Sie möchten, können Sie Ihre Kreationen in den sozialen Netzwerken mit anderen teilen:

#ateliercharlotteauzou

Charlotte

6

JANUAR

WOLLKLEID

SEITE 8 BIS 11

ELEGANTE TASCHE

SEITE 12 BIS 15

WOLLKLEID

Lassen Sie die Schultern dieses gerade fallenden Kleides so aussehen, als seien sie gepolstert. Es wird aus Wollstoff genäht und ist gefüttert, damit es schön wärmt.

MATERIAL

- *1,70 m Stoff, 1,40 m breit*
- *1 m Futterstoff, 1,40 m breit*
- *1 Knopf zum Beziehen, 19 mm breit*
- *Volumenvlies*
- *Aufbügelbare Einlage (Vlieseline)*

VERWENDETE NÄHTECHNIKEN

Einen geraden Saum nähen, Seite 138
Abnäher nähen, Seite 139 f.
Knöpfe mit Stoff beziehen, Seite 143
Einen Ärmel einsetzen, Seite 145
Ein Band herstellen, Seite 147

DEN STOFF ZUSCHNEIDEN

In Dunkelgrau gezeichnetes Schnittmuster / Schnittbogen A
Der Stoff ist mit zwei Stoffbrüchen und doppelt gelegt (siehe »Das Nähprojekt vorbereiten«, Seite 135).
Schneiden Sie zunächst das Vorderteil, das Rückenteil und die Belege aus dem mit zwei Stoffbrüchen gefalteten Stoff zu. Legen Sie den Stoff dann doppelt und schneiden Sie die Ärmel und die Schulterpassen zu.

STOFF	SCHNITTTEIL	HÄUFIGKEIT	NAHTZUGABE
WOLLSTOFF	Vorderteil	1-mal im Stoffbruch	1 cm rundherum bis auf den Stoffbruch; 3 cm für den Saum
	Rückenteil	1-mal im Stoffbruch	1 cm rundherum bis auf den Stoffbruch; 3 cm für den Saum
	Ärmel	2-mal	1 cm rundherum; 3 cm für den Saum
	Schulterpasse	2-mal	1 cm rundherum
	Vorderer Halsausschnittbeleg	1-mal im Stoffbruch der Einlage	1 cm rundherum bis auf den Stoffbruch
	Hinterer Halsausschnittbeleg	1-mal im Stoffbruch	1 cm rundherum bis auf den Stoffbruch
FUTTERSTOFF	Vorderteil	1-mal im Stoffbruch	1 cm rundherum bis auf den Stoffbruch; 3 cm für den Saum
	Rückenteil	1-mal im Stoffbruch	1 cm rundherum bis auf den Stoffbruch; 3 cm für den Saum

ZUSCHNEIDEPLAN

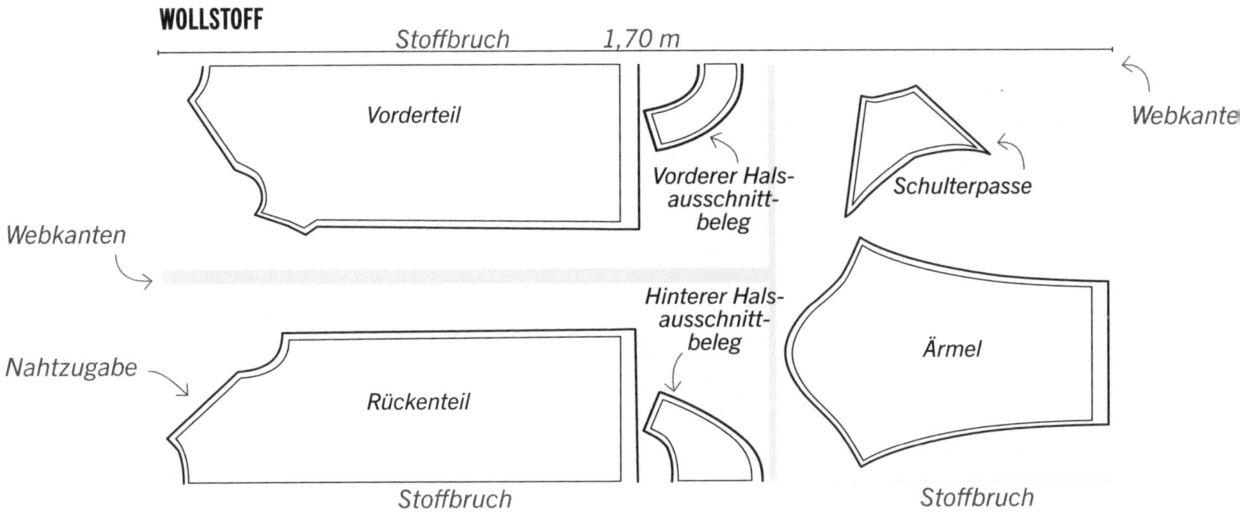

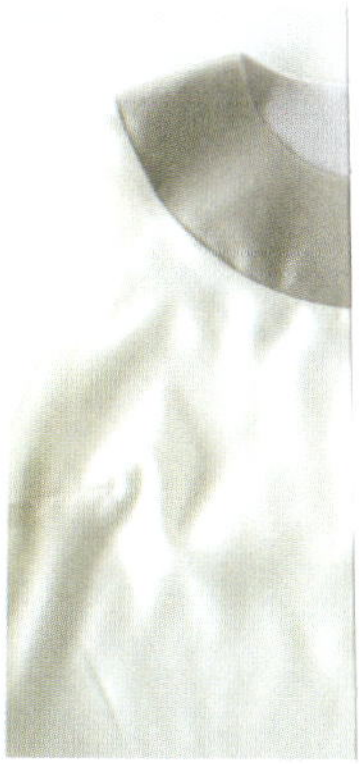

Nähen Sie die Bru
hinteren Halsauss

Verbinden Sie das
fahren Sie genauso
Rückenteils. Mach

Stecken Sie den Fu
den Seiten zusam
bügeln Sie die Nah

Fertigen Sie aus de
ungefähr 6 cm lang
Siehe »Ein Band he
Seite 147.

Schieben Sie es in H
zwischen das Rücke
teren Halsausschn
Band soll zum Schli
dienen. Die Schlaufe

Steppen Sie den
schließen Sie dabe
ein. Schneiden Sie d
zugabe entlang des
2 mm weg.

An den Rundungen e
Ecken abschneiden
rechte Seite nach au

ELEGANTE TASCHE

Diese Tasche verleiht mit dem Kontrast von Schwarz, Blau und Gold all Ihren Winter-Outfits einen eleganten Look.

MATERIAL

- *70 cm Baumwoll-Twill, 1,40 m breit*
- *25 cm glatter Samt, 1,40 m breit*
- *35 cm dicke aufbügelbare Einlage (Vlieseline), 1,40 m breit*
- *2 m Goldpaspel*
- *1 Kette, 1 m lang, mit Karabinern an den Enden*
- *2 vergoldete Ösen mit 14 mm Durchmesser*
- *1 Magnetverschluss mit 20 mm Durchmesser*
- *70 cm Schrägband, gefaltet 1 cm breit*

VERWENDETE NÄHTECHNIKEN

Ein Schrägband sichtbar annähen, Seite 141 ◆ Eine Paspel anbringen, Seite 146

DEN STOFF ZUSCHNEIDEN

In Dunkelgrau gezeichnetes Schnittmuster / Schnittbogen C
Der Stoff ist nicht gefaltet. Verstärken Sie 35 cm Baumwoll-Twill mit Vlieseline, bevor Sie die Schnittteile zuschneiden, die verstärkt werden müssen. So verleihen sie Ihrer Tasche mehr Festigkeit.
Samt ist ein Stoff, der sich schwer zuschneiden lässt. Achten Sie darauf, dass sich die Teile nicht verziehen.

STOFF	SCHNITTTEIL	HÄUFIGKEIT	NAHTZUGABE
BAUMWOLL-TWILL	Vorderes Seitenteil	2-mal	1 cm rundherum
	Seitenstreifen	1-mal	1 cm rundherum
	Hinteres Teil	1-mal	1 cm rundherum
	Seitenklappe	2-mal	1 cm rundherum
GLATTER SAMT	Mittleres Vorderteil	1-mal	1 cm rundherum
	Mittlere Klappe	1-mal	1 cm rundherum
VERSTÄRKTER BAUMWOLL-TWILL	Futter vorderes Teil	1-mal	1 cm rundherum
	Futter Seitenstreifen	1-mal	1 cm rundherum
	Futter hinteres Teil	1-mal	1 cm rundherum
	Futter Klappe	1-mal	1 cm rundherum

ZUSCHNEIDEPLAN

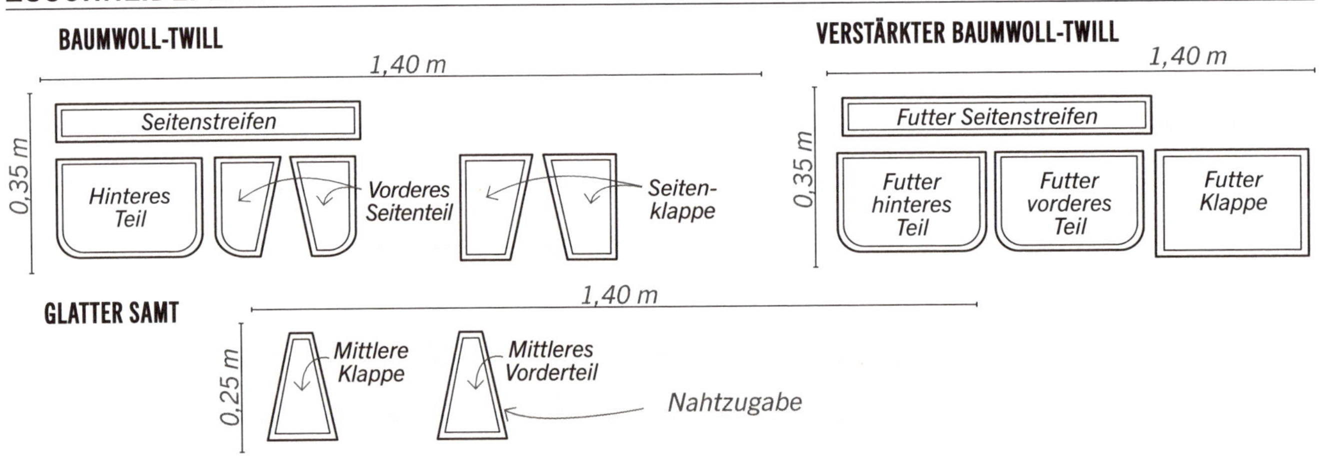

1

Fassen Sie die beiden langen Seiten des mittleren Vorderteils und der mittleren Samtklappe mit goldener Paspel ein.
Siehe »Eine Paspel anbringen«, Seite 146.

Stecken Sie das mittlere Vorderteil mit den vorderen Seitenteilen zusammen, indem Sie erneut auf der Paspelnaht steppen.

Verfahren Sie genauso mit der mittleren Klappe und den Seitenklappen.

2

Stecken Sie das vordere und das hintere Teil zu beiden Seiten des Seitenstreifens Kante auf Kante und rechts auf rechts zusammen. Steppen Sie sie 1 cm von der Kante entfernt zusammen. Nahtzugaben an den Rundungen einschneiden und auseinanderbügeln.

Verfahren Sie genauso mit dem Futter des vorderen Teils, dem des hinteren Teils und dem des Seitenstreifens.

Stecken Sie Kante auf Kante und rechts auf rechts die Klappe und das Klappenfutter zusammen. Bei 1 cm Nahtbreite steppen. An den Rundungen einschneiden und wenden.

3

Befestigen Sie den ersten Teil des Magnetverschlusses gemäß der Schnittmustermarkierung auf dem Klappenfutter.

4

Die Tasche ist auf die rechte Seite gedreht, das Futter auf die linke. Schieben Sie das Futter in die Tasche. Die Seitennähte müssen exakt aufeinandertreffen. Nähen Sie ein sichtbares Schrägband rundherum an, um die Tasche und ihr Futter gut miteinander zu verbinden.
Siehe »Ein Schrägband sichtbar annähen«, Seite 141.

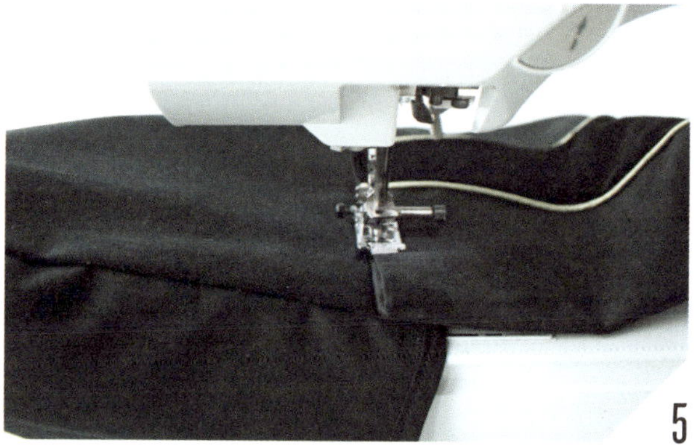

5

Steppen Sie die Klappe in 1 cm Abstand vom oberen Rand der Tasche auf der Rückseite an.

6

Befestigen Sie den zweiten Teil des Magnetverschlusses entsprechend der Schnittmustermarkierung auf dem mittleren Vorderteil.

7

Befestigen Sie nun jeweils 1 Öse an beiden Seiten des Seitenstreifens.

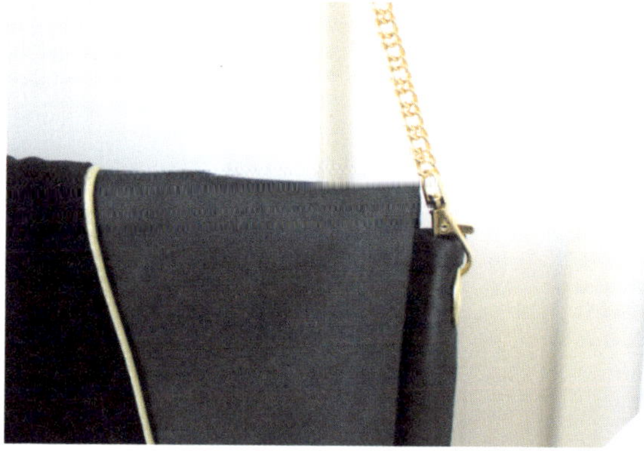

8

Haken Sie die Karabiner der Kette in den Ösen ein. Sie können auch beide Karabiner auf der gleichen Seite befestigen und die Kette durch die zweite Öse ziehen, dann erhalten Sie eine doppelte Kette. Achten Sie dann darauf, dass die Ösen groß genug sind, um die Karabiner hindurchzuschieben.

GANZ WIE ES IHNEN GEFÄLLT!

Warum nicht das Schnittmuster mithilfe eines Fotokopierers verkleinern oder vergrößern, um ganz nach Ihrem Geschmack eine kleinere oder größere Tasche zu erhalten?

DANNY WALLACE
Charlotte Street

FEBRUAR

PYJAMAJACKE

SEITE 18 BIS 21

PYJAMAHOSE

SEITE 22 BIS 25

PYJAMAJACKE

Machen Sie es sich auf Ihrem Sofa oder im Bett gemütlich. Kochen Sie sich eine gute Tasse Kaffee und genießen Sie es, im Februar im kuschligen Schlafanzug viel Zeit zu Hause zu verbringen.

MATERIAL

- *1,80 m Stoff, 1,40 m breit*
- *2 m Paspelband*
- *6 Knöpfe, 15 mm breit*
- *aufbügelbare Einlage (Vlieseline)*

VERWENDETE NÄHTECHNIKEN

Einen geraden Saum nähen, Seite 138
Abnäher nähen, Seite 139 f.
Einen Ärmel einsetzen, Seite 145
Eine Paspel anbringen, Seite 146

DEN STOFF ZUSCHNEIDEN

In Türkis gezeichnetes Schnittmuster / Schnittbogen A

Der Stoff ist doppelt gelegt (siehe »Das Nähprojekt vorbereiten«, Seite 135).

SCHNITTTEIL	HÄUFIGKEIT	NAHTZUGABE
Vorderteil	2-mal	1 cm rundherum 3 cm für den Saum
Rückenteil	1-mal auf Stoffbruch	1 cm rundherum bis auf den Stoffbruch 3 cm für den Saum
Vorderer Halsausschnittbeleg	2-mal; verstärken	1 cm rundherum bis auf die Seite, die innen in der Jacke liegen wird 3 cm für den Saum
Hinterer Halsausschnittbeleg	1-mal auf Stoffbruch; verstärken	1 cm rundherum bis auf die Seite, die innen in der Jacke liegen wird, und auf den Stoffbruch
Ärmel	2-mal	1 cm rundherum 3 cm für den Saum

ZUSCHNEIDEPLAN

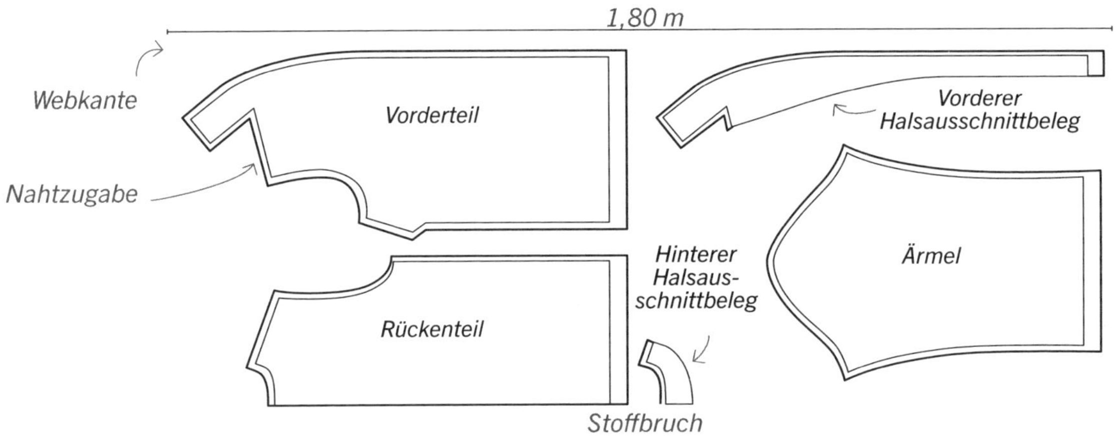

BRANIFF International AIRWAYS

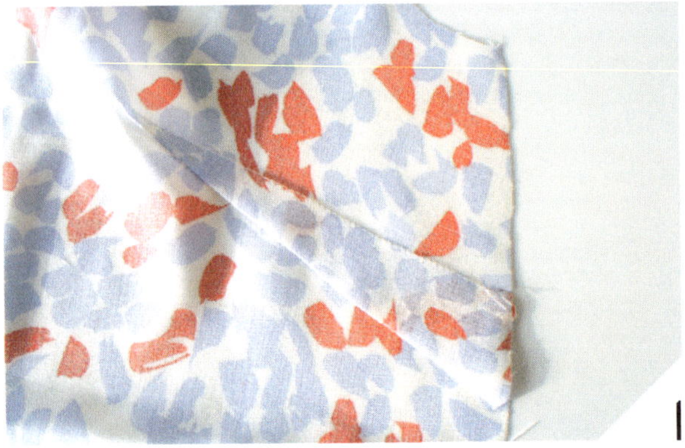

1

Steppen Sie die Brustabnäher der Vorderteile.
Siehe »Abnäher nähen«, Seite 140.

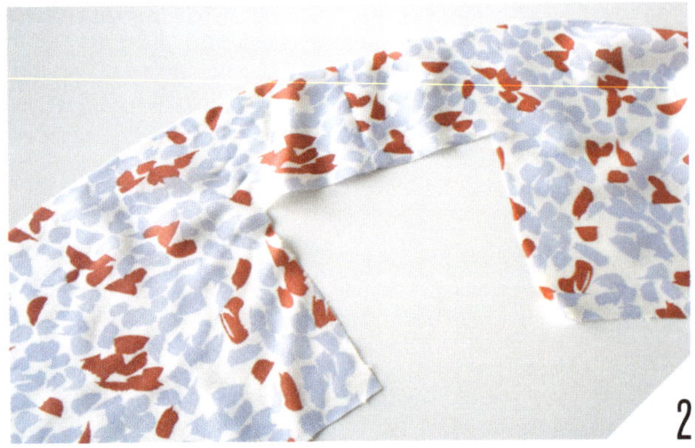

2

Stecken Sie die beiden Vorderteile oben Kante auf Kante und rechts auf rechts zusammen. Steppen Sie in 1 cm Abstand von der Kante und bügeln Sie die Nahtzugaben auseinander.

Diese Verbindung des Vorderteils entspricht dem Halsausschnitt, der hinten sein wird. Sie haben also den Kragen hinten zusammengenäht.

Verfahren Sie genauso mit den vorderen Halsausschnittbelegen.

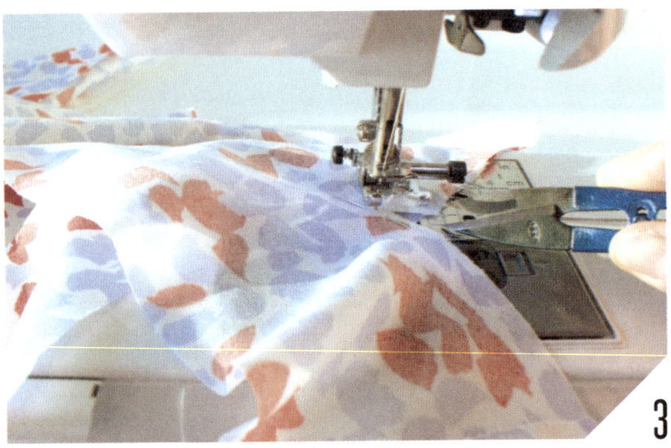

3

Legen Sie die Vorderteile und das Rückenteil rechts auf rechts zusammen und stecken Sie die Schultern Kante auf Kante zusammen.

Beginnen Sie damit, eine Schulter von ihrem äußeren Ende her zu nähen. Steppen Sie bei 1 cm Nahtbreite.

Wenn Sie in der Ecke zwischen der Schulter und dem Hals ankommen, lassen Sie die Nadel der Nähmaschine im Stoff stecken und heben Sie den Nähfuß hoch. Mit einer kleinen Schere schneiden Sie die Nahtzugabe des Vorderteils bis zur Nadel ein. Machen Sie keinen Einschnitt im Rückenteil. Auf diese Weise können Sie den Teil des Vorderteils drehen, der dem vorderen Halsausschnitt entspricht, und ihn gegenüber vom hinteren Halsausschnitt positionieren.

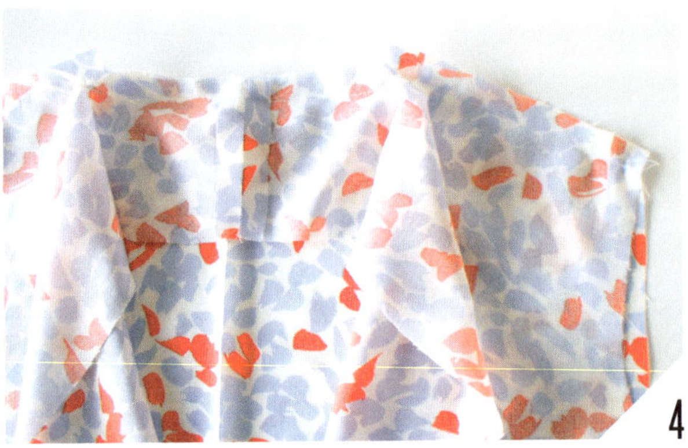

4

Legen Sie die Ausschnitte Kante auf Kante aufeinander. Die Mitte zwischen den Vorderteilen muss exakt auf die Mitte des Rückenteils passen. Sobald der Halsausschnitt genäht ist, lassen Sie Ihre Nadel im Stoff stecken und schneiden Sie die Nahtzugabe des Vorderteils ein. Beenden Sie die Naht, indem Sie die zweite Schulter steppen.

Verfahren Sie genauso mit dem hinteren Halsausschnittbeleg und den vorderen Halsausschnittbelegen. Es ist die gleiche Naht, mit dem einzigen Unterschied, dass die Länge der Schulter kürzer ist.

5

Steppen Sie die Paspel auf die rechte Seite des vorderen Halsausschnittbelegs.
Siehe »Eine Paspel anbringen«, Seite 146.

Stecken Sie den Beleg mit der Jacke ab dem Halsausschnitt rechts auf rechts zusammen und steppen Sie erneut auf der Paspelnaht entlang. Den Beleg auf die Innenseite der Jacke wenden und bügeln.

Versäubern Sie die Seite des Belegs, die innen in der Jacke sein wird.

6

Befestigen Sie den Beleg an der Innenseite der Jacke mit ein paar Stichen, die Sie von Hand an den Nahtzugaben von Schultern und Halsausschnitt machen.

7

Stecken Sie das Vorderteil und das Rückenteil an den Seiten Kante auf Kante und rechts auf rechts zusammen. Dann bei 1 cm Nahtbreite steppen, versäubern und bügeln.

Setzen Sie die Ärmel ein.
Siehe »Einen Ärmel einsetzen«, Seite 145.

8

Steppen Sie die sechs Knopflöcher. Nähen Sie gegenüber von den Knopflöchern die Knöpfe von Hand an. Die beiden Vorderteile überlappen sich auf 4 cm.

Steppen Sie zum Schluss den Saum der Jacke und der Ärmel 3 cm breit ab.
Siehe »Einen geraden Saum nähen«, Seite 138.

GANZ WIE ES IHNEN GEFÄLLT!

Wählen Sie eine einheitliche Farbe oder kombinieren Sie einfarbige und gedruckte Stoffe für die Jacke und die Hose des Pyjamas für Ihren gemütlichen Abend!

PYJAMAHOSE

MATERIAL

- *2,10 m Stoff, 1,40 m breit*
- *Kontrastierender Stoff (passend zur Pyjamajacke) zur Herstellung von 2 m Schrägband und einem 1,70 m langen Band*
- *1 m Gummiband, 25 mm breit*

VERWENDETE NÄHTECHNIKEN

Einen geraden Saum nähen, Seite 138
Ein Schrägband sichtbar annähen, Seite 141
Ein Schrägband herstellen, Seite 142
Ein Band herstellen, Seite 147

DEN STOFF ZUSCHNEIDEN

In Türkis gezeichnetes Schnittmuster / Schnittbogen C
Der Stoff ist doppelt gelegt (siehe »Das Nähprojekt vorbereiten«, Seite 135).

SCHNITTTEIL	HÄUFIGKEIT	NAHTZUGABE
Vorderteil	2-mal	1 cm rundherum 3 cm für den Saum
Hinterteil	2-mal	1 cm rundherum 3 cm für den Saum

ZUSCHNEIDEPLAN

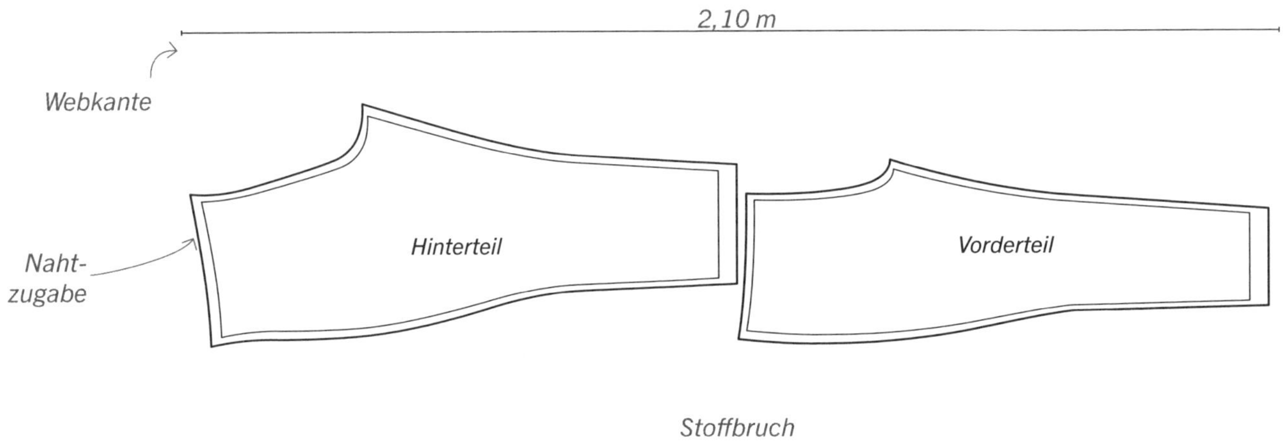

FOURTEEN

Stecken Sie die beiden Hosenvorderteile am Schritt Kante auf Kante und rechts auf rechts zusammen. Bei 1 cm Nahtbreite absteppen, Nähte versäubern und bügeln.

Verfahren Sie genauso mit den beiden Hosenhinterteilen.

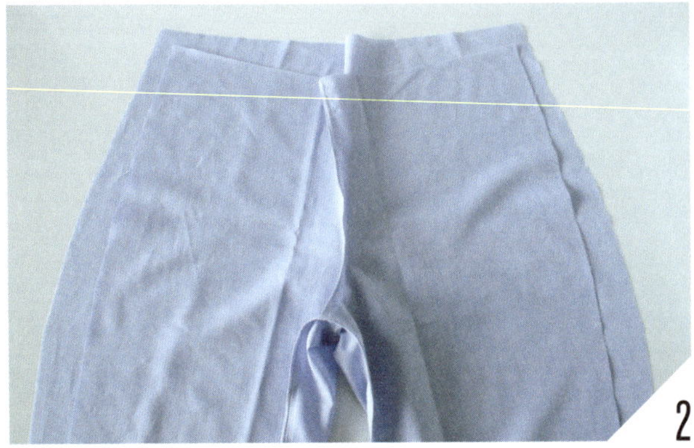

Stecken Sie das Vorder- und das Hinterteil der Hose am Schritt Kante auf Kante und rechts auf rechts zusammen. Die Schrittnähte müssen exakt aufeinanderpassen. Bei 1 cm Nahtbreite absteppen, Nähte versäubern und bügeln.

Damit sich der Stoff nicht verschiebt, führen Sie diese Naht in zwei Etappen aus und beginnen am Schritt. Steppen Sie erst die rechte Beinnaht, dann die linke. Sollte Stoff überstehen, wird er im Hosensaum aufgenommen.

Fertigen Sie 2 m Schrägband aus dem Stoff der Pyjamajacke an.
Siehe »Ein Schrägband herstellen«, Seite 142.

Legen Sie das Schrägband auf der linken Seite entlang der Stoffkante der äußeren Längsnaht des Hosenbeins auf. Das Schrägband überlappt die Stoffkante um 1,5 cm. Steppen Sie bei 1 cm Nahtbreite. Wiederholen Sie den Vorgang beim zweiten Hosenbein.

Siehe »Ein Schrägband sichtbar annähen«, Seite 141.

5

Stecken Sie das Vorder- und das Hinterteil der Hose an den Seiten Kante auf Kante und rechts auf rechts an der zuvor zum Befestigen des Schrägbandes gesteppten Naht zusammen. Versäubern. Wenden Sie die Hose auf rechts, schlagen Sie das Schrägband nach hinten um und bügeln Sie es in Position.

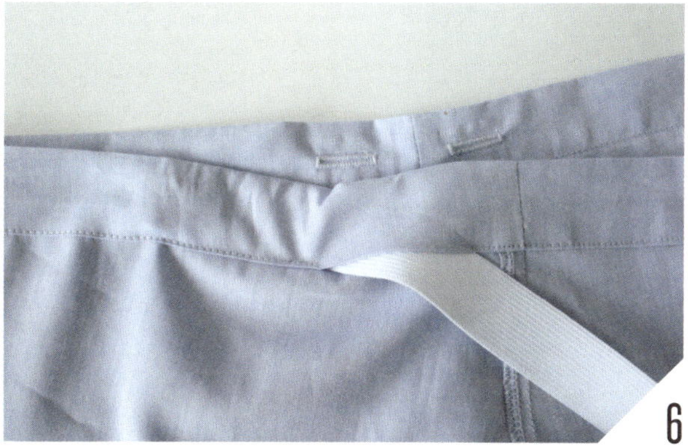

6

Steppen Sie an der auf dem Schnitt des Hosenvorderteils markierten Stelle zwei 1 cm lange Knopflöcher.

Schlagen Sie oben an der Hose 1 cm nach innen um und dann noch einmal 3 cm. Steppen Sie die Umschlagkante knappkantig fest. Lassen Sie eine ungefähr 5 cm große Öffnung, in die das Gummiband gezogen werden kann.

Ziehen Sie das Gummiband mithilfe einer Sicherheitsnadel in den Schlauch. Probieren Sie die Hose an und passen Sie das Gummiband an Ihre Taillenweite an.

7

Steppen Sie die beiden Gummibandenden flach zusammen, damit der Bund gut sitzt. Schließen Sie die Öffnung.

8

Fertigen Sie ein 1,70 m langes Band aus dem Stoff der Pyjamajacke.
Siehe »Ein Band herstellen«, Seite 147.

Ziehen Sie es mithilfe einer Sicherheitsnadel durch die Knopflöcher in den Schlauch.

Steppen Sie an jedem Hosenbein einen 3 cm breiten Saum.
Siehe »Einen geraden Saum nähen«, Seite 138.

GANZ WIE ES IHNEN GEFÄLLT!

Für einen Sommerpyjama machen Sie die Hose zu Shorts und tragen Sie mit dem T-Shirt für März.

MÄRZ

STEPPJACKE

SEITE 28 BIS 31

T-SHIRT

SEITE 32 BIS 33

MINIROCK

SEITE 34 BIS 37

STEPPJACKE

Diese Steppjacke macht einfach Lust auf Frühling, und falls die Sonne noch selten hervorkommt, lässt sie sich auch unter Ihrem Mantel als Weste tragen.

MATERIAL

- *1,30 m Stoff, 1,40 m breit*
- *1 teilbarer Reißverschluss, 45 cm lang*
- *2,50 m Schrägband, gefalzt 1 cm breit*

VERWENDETE NÄHTECHNIK

Ein Schrägband sichtbar annähen, Seite 141

DEN STOFF ZUSCHNEIDEN

In Dunkelgrau gezeichnetes Schnittmuster / Schnittbogen B
Der Stoff ist doppelt gelegt (siehe »Das Nähprojekt vorbereiten«, Seite 135).

SCHNITTTEIL	HÄUFIGKEIT	NAHTZUGABE
Vorderteil	2-mal	1 cm rundherum bis auf den Halsausschnitt und unten
Rückenteil	1-mal im Stoffbruch	1 cm rundherum bis auf den Halsausschnitt, unten und den Stoffbruch
Ärmel	2-mal	1 cm rundherum bis auf den unteren Rand
Tasche	2-mal	1 cm rundherum bis auf oben

ZUSCHNEIDEPLAN

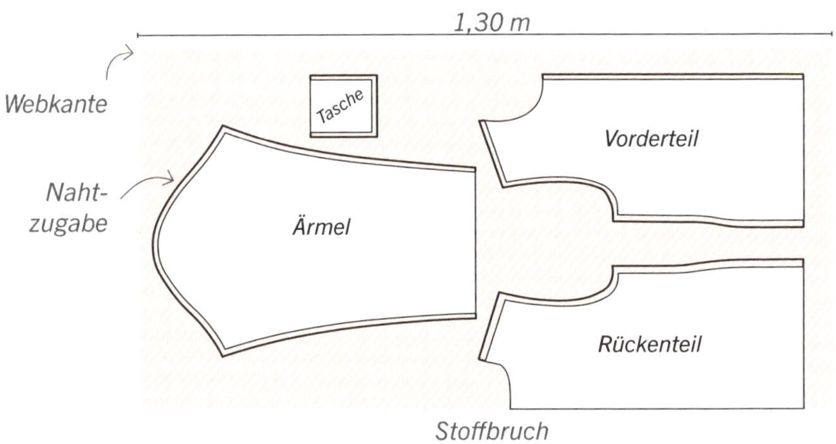

GANZ WIE ES IHNEN GEFÄLLT!

Wie wär's mit einem Schrägband aus Kunstleder an dieser Jacke? Um dieses Material auf Ihrer Nähmaschine zu nähen, brauchen Sie eine Nadel, einen Nähfuß und ein Garn, die dafür geeignet sind.

1

Stecken Sie die Vorderteile und das Rückenteil an den Schultern Kante auf Kante und rechts auf rechts zusammen. Bei 1 cm Nahtbreite mit Geradstich steppen, versäubern, bügeln.

Setzen Sie die Ärmel so ein, dass die Schnittmustermarkierungen in der Mitte und vorn aufeinanderliegen. Mit Geradstich bei 1 cm Nahtbreite steppen, versäubern und bügeln.

2

Schließen Sie die Ärmel und nähen Sie die Vorderteile und das Rückenteil an den Seiten zusammen. Die Nähte der Armausschnitte müssen genau aufeinanderpassen. Mit Geradstich bei 1 cm Nahtbreite in einem Rutsch steppen, Nähte versäubern und bügeln.

3

Versäubern Sie die beiden Innenkanten der Vorderteile und schlagen Sie an jedem Vorderteil 1 cm breit nach innen ein.

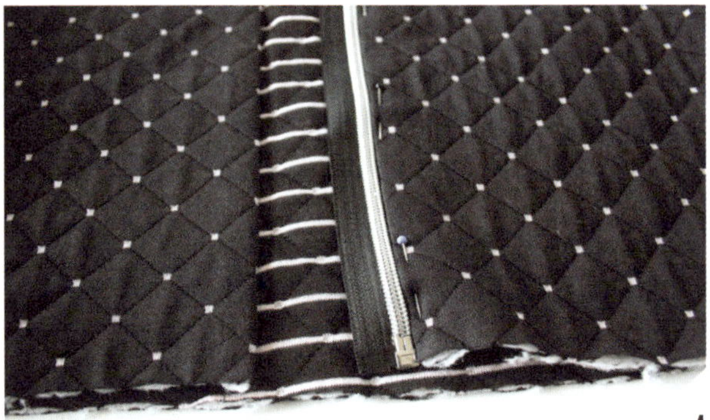

4

Stecken Sie den Reißverschluss an eines der Vorderteile. Die Krampen stoßen genau an den Stoffbruch und der Reißverschluss schließt unten mit dem unteren Rand der Jacke ab.

5

Steppen Sie in 1 cm Abstand vom Stoffbruch mit dem Spezialfuß für Reißverschlüsse Ihrer Nähmaschine. Nähen Sie ihn genauso auf dem zweiten Vorderteil fest und lassen Sie den Reißverschluss oben überstehen.

6

7

Fassen Sie den Halsausschnitt, den Saum der Jacke, die Säume der Ärmel und die obere Kante der Taschen mit Schrägband ein. **Siehe »Ein Schrägband sichtbar annähen«, Seite 141.**

Wenden Sie das Schrägband an jedem Ende des Halsausschnitts und der Ärmel nach innen.

8

Falten Sie die Taschen rechts auf rechts, sodass eine der Seiten Kante auf Kante auf dem unteren Taschenrand liegt. Steppen Sie in 1 cm Abstand zur Spitze von oben schräg nach unten. Wiederholen Sie dies mit der anderen Ecke der Tasche.

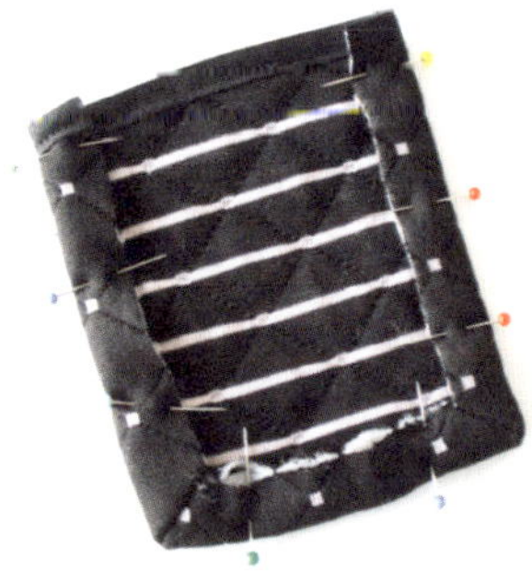

9

Schlagen Sie die drei Seiten der Tasche 1 cm nach innen zur linken Stoffseite hin um.

10

Legen Sie die Taschen an der im Schnittmuster vorgesehenen Stelle auf die Vorderteile der Jacke. Steppen Sie in einer einzigen Naht 2 mm vom Rand entfernt an allen drei Seiten entlang.

T-SHIRT

Das beliebte weiße T-Shirt gehört zu den Basics im Kleiderschrank. Sehr kleidsam und absolut komfortabel ist es auch bestens geeignet, das Nähen mit Jersey zu lernen.

MATERIAL

- *1,50 m Stoff, 1,40 m breit, mit mindestens 30 % Elastizität*

VERWENDETE NÄHTECHNIK

Jersey nähen, Seite 149

DEN STOFF ZUSCHNEIDEN

In Pink gezeichnetes Schnittmuster / Schnittbogen B
Der Stoff ist doppelt gefaltet (siehe »Das Nähprojekt vorbereiten«, Seite 135).

SCHNITTTEIL	HÄUFIGKEIT	NAHTZUGABE
Rückenteil	1-mal im Stoffbruch	1 cm rundherum bis auf den Stoffbruch 2 cm für den Saum
Vorderteil	1-mal im Stoffbruch	1 cm rundherum bis auf den Stoffbruch 2 cm für den Saum
Ärmel	2-mal	1 cm rundherum bis auf den Stoffbruch 2 cm für den Saum
Einfassstreifen für den Halsausschnitt	1-mal im Stoffbruch	1 cm rundherum bis auf den Stoffbruch

ZUSCHNEIDEPLAN

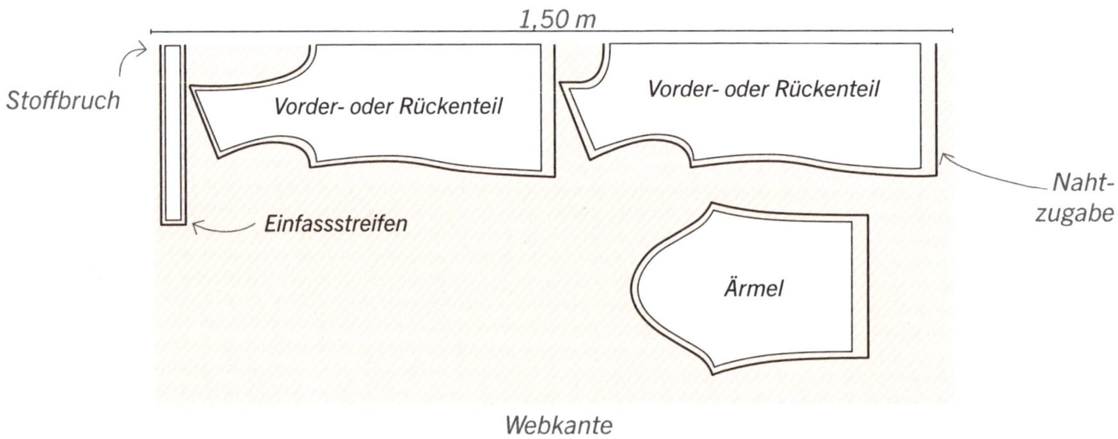

NÄHANLEITUNG

Folgen Sie den Schritten für das Kleid für November, Seite 116 ff., um das T-Shirt für März zu nähen.

MINIROCK

Dieser Minirock schmeichelt Ihrer Figur dank der raffinierten Passe in Taillenhöhe und der schwingenden Falten.

MATERIAL

- *1,40 m Stoff, 1,40 m breit*
- *1 unsichtbarer Reißverschluss, 22 cm lang*
- *aufbügelbare Einlage (Vlieseline)*

VERWENDETE NÄHTECHNIKEN

Einen geraden Saum nähen, Seite 138
Einen Reißverschluss verdeckt einnähen, Seite 144
Einkräuseln, Seite 148

DEN STOFF ZUSCHNEIDEN

In Hellgrau gezeichnetes Schnittmuster / Schnittbogen A
Der Stoff ist doppelt gelegt (siehe »Das Nähprojekt vorbereiten«, Seite 135).

Bügeln Sie die Einlage auf, bevor Sie die Stoffteile, die verstärkt werden sollen, zuschneiden, damit sie die gleichen Maße haben wie die entsprechenden nicht verstärkten Stoffteile.

SCHNITTTEIL	HÄUFIGKEIT	NAHTZUGABE
Vorderpassenteil A	2-mal, davon einer verstärkt	1 cm rundherum
Vorderpassenteil B	2-mal, davon einer verstärkt	1 cm rundherum
Rückpassenteil	2-mal im Stoffbruch, davon einer verstärkt	1 cm rundherum bis auf den Stoffbruch
Vorderer Volant	1-mal im Stoffbruch	1 cm rundherum bis auf den Stoffbruch 3 cm für den Saum
Hinterer Volant	Direkt auf dem Stoff zeichnen 1-mal im Stoffbruch Höhe 28 cm Taillenweite für Größe 34: 45 cm ◆ 36: 46 cm ◆ 38: 47 cm ◆ 40: 48 cm ◆ 42: 49 cm ◆ 44: 50 cm	1 cm rundherum bis auf den Stoffbruch 3 cm für den Saum

ZUSCHNEIDEPLAN

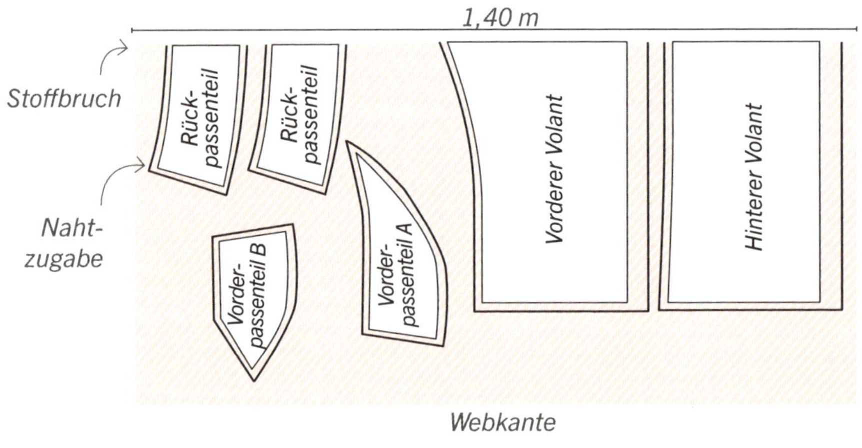

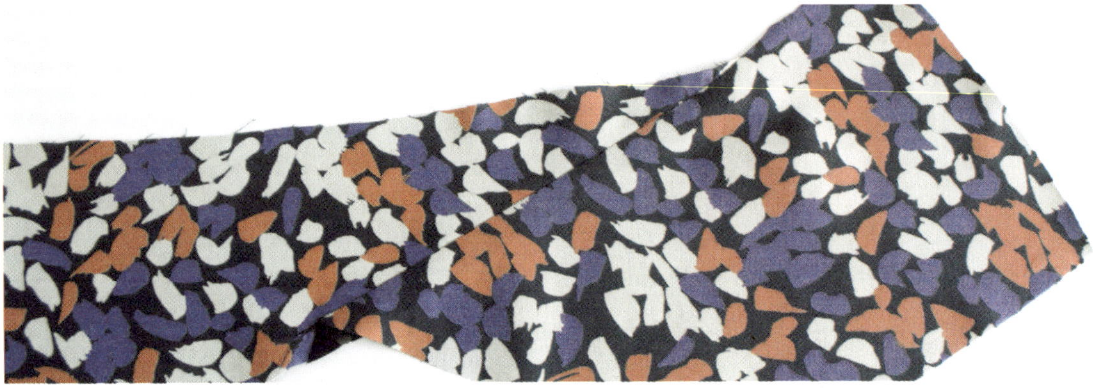

1

Stecken Sie das verstärkte Vorderpassenteil A und das verstärkte Vorderpassenteil B rechts auf rechts in der Mitte zusammen. Das Vorderpassenteil B wird Kante auf Kante mit dem Vorderpassenteil A von oben bis zum auf dem Schnittbogen angegebenen Markierungspunkt zusammengelegt.

Steppen Sie mit Geradstich bei 1 cm Nahtbreite und bügeln Sie die Nahtzugaben nach unten. Wiederholen Sie die Schritte mit den nicht verstärkten Passenteilen, die als Futter dienen.

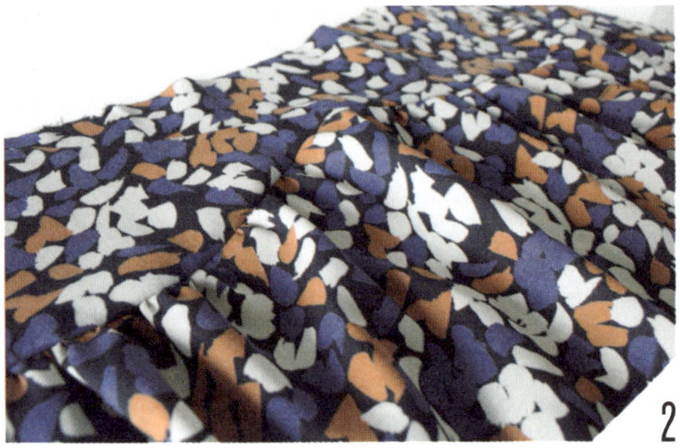

2

Kräuseln Sie den oberen Rand des vorderen und hinteren Volants mit einem Kräuselfaden in einer Kontrastfarbe. **Siehe »Einkräuseln«, Seite 148.**

4

Das Vorder- und das Rückenteil links zusammenstecken und auf eine gleichmäßige Naht zwischen Passe und dem gekräuselten Vorder- und Rückenteil achten. Bei 1 cm Nahtbreite mit Geradstich steppen, versäubern und bügeln.

3

Stecken Sie den vorderen Volant mit dem verstärkten vorderen Passenteil zusammen. Die obere Kante des Volants befindet sich zwischen dem Passenteil A und dem Passenteil B. Steppen Sie mit Geradstich bei 1 cm Nahtbreite und bügeln Sie die Naht flach. Machen Sie auf der linken Seite an der oberen Kante des vorderen Volants Einschnitte.

Fügen Sie auf die gleiche Weise den hinteren Volant und das verstärkte Rückpassenteil zusammen. Ziehen Sie den Kräuselfaden mithilfe des Pfeiltrenners heraus.

GANZ WIE ES IHNEN GEFÄLLT!

Wenn Sie mit dem Nähen der Passe zurechtkommen, empfehle ich Ihnen, die Passenteile A und B mit einer kontrastierenden Paspel einzufassen, um den hübschen Schnitt der Passe hervorzuheben.

5

Stecken Sie das Vorderpassenteil und das nicht verstärkte Rückpassenteil an der linken Seite zusammen. Bei 1 cm Nahtbreite steppen und die Nahtzugaben auseinanderbügeln.

Stecken Sie das verstärkte Passenteil mit dem nicht verstärkten Passenteil oben zusammen, rechts auf rechts. Achten Sie darauf, dass sich die Seitennähte treffen. Bei 1 cm Nahtbreite steppen. Die Naht auf der Seite des nicht verstärkten Passenteils schmal absteppen und dabei die Nahtzugaben erfassen.

6

Legen Sie den Reißverschluss auf die rechte Seite des Rocks. Das obere Plastikende des Reißverschlusses liegt zwischen dem verstärkten Passenteil und dem Futterpassenteil. Das Futterpassenteil wird nicht in dieser Naht erfasst.
Siehe »Einen Reißverschluss verdeckt einnähen«, Seite 144.

7

Legen Sie das Futterpassenteil rechts auf rechts auf das verstärkte Passenteil. Steppen Sie noch einmal die Naht des unsichtbaren Reißverschlusses mit dem Futterpassenteil.

8

Das obere Reißverschlussende wird nach außen gezogen, damit es verschwindet, wenn Sie die Passen auf rechts wenden.

9

10

Versäubern Sie den unteren Rand des Futterpassenteils.

Steppen Sie auf der rechten Seite des Rocks die Passe schmalkantig ab, um die Futterpasse innen festzunähen.

Steppen Sie den Saum 3 cm breit ab.
Siehe »Einen geraden Saum nähen«, Seite 138.

APRIL

ETUIKLEID

SEITE 40 BIS 43

STIRNBAND

SEITE 44 BIS 45

ETUIKLEID

Der elegante Schnitt, betont durch ein geblümtes Schrägband, macht aus Ihrem Kleid eine Kreation, die innen ebenso hübsch aussieht wie außen!

MATERIAL

- *1,40 m feiner Stoff, z.B. Polyester-Krepp, 1,40 m breit*
- *6 m Schrägband, gefalzt 1 cm breit*
- *1 Metallhaken*

VERWENDETE NÄHTECHNIKEN

Ein Schrägband unsichtbar annähen, Seite 141
Einen Ärmel einsetzen, Seite 145

DEN STOFF ZUSCHNEIDEN

In Pink gezeichnetes Schnittmuster / Schnittbogen A
Der Stoff ist doppelt gelegt (siehe »Das Nähprojekt vorbereiten«, Seite 135).

SCHNITTTEIL	HÄUFIGKEIT	NAHTZUGABE
Mittleres Vorderteil	1-mal im Stoffbruch	1 cm rundherum bis auf den Stoffbruch
Seitliches Vorderteil	2-mal	1 cm rundherum
Rückenteil	2-mal	1 cm rundherum
Vorderer Ärmel	2-mal	1 cm rundherum
Hinterer Ärmel	2-mal	1 cm rundherum

ZUSCHNEIDEPLAN

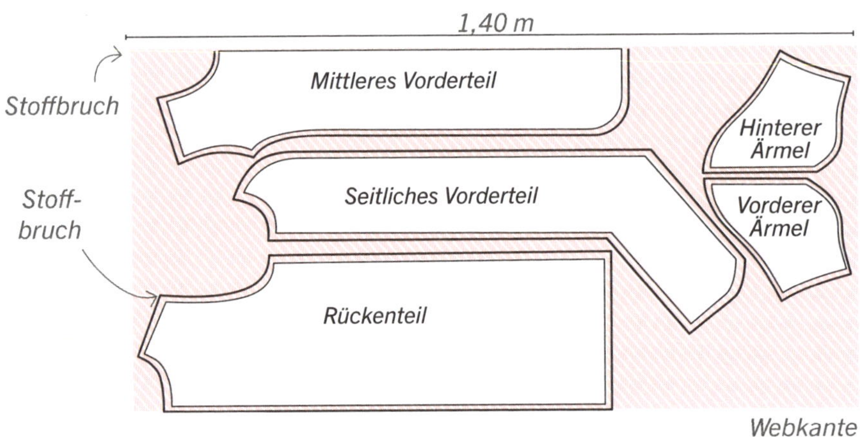

Wir verwenden hier einen fließenden und feinen Stoff.
Auf Seite 150 finden Sie dazu nützliche Tipps.

GANZ WIE ES IHNEN GEFÄLLT!

Zögern Sie nicht, mit der Technik des unsichtbaren Schrägbands Ihre Kleidungsstücke zu verschönern. So können Sie die Kanten und Rundungen an den Seiten eines Kleides, einer Bluse oder von Shorts hübsch betonen.

1

Versäubern Sie die beiden Mitten der Rückenteile. Stecken Sie die Rückenteile in der Mitte zusammen. Steppen Sie bei 1 cm Nahtbreite vom Saum bis zum Markierungszeichen. Bügeln Sie die Nahtzugaben auseinander.

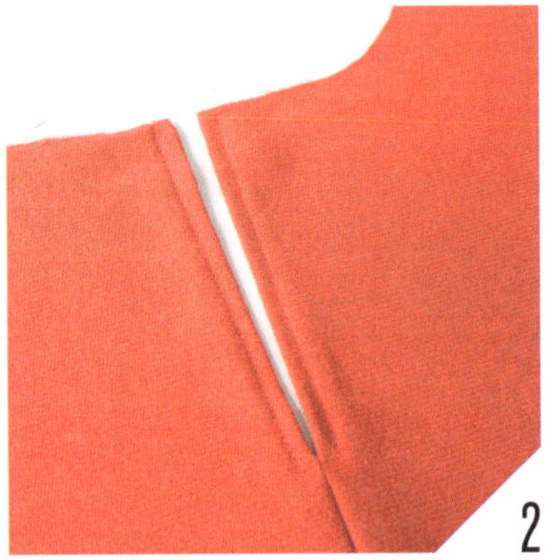

2

Steppen Sie um den Schlitz herum. Steppen Sie in einer Strecke: An jeder Ecke lassen Sie die Nadel im Stoff stecken, heben den Nähfuß an, drehen die Näharbeit, senken den Nähfuß wieder ab und nähen weiter.

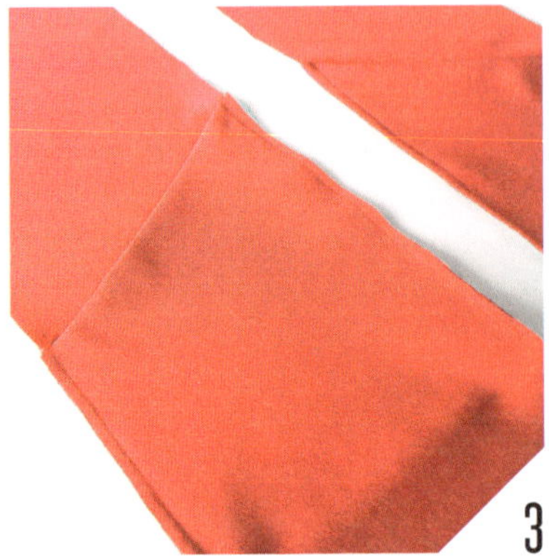

3

Falten Sie die Seitentaschen gemäß den Markierungen auf dem Schnittbogen und steppen Sie sie 0,5 cm von der Kante auf.

4

Stecken Sie das Rückenteil und die seitlichen Vorderteile zusammen. Bei 1 cm Nahtbreite steppen, versäubern und die Nähte bügeln.

5

Den unteren Rand des mittleren Vorderteils mit Schrägband einfassen.

Siehe »Ein Schrägband unsichtbar annähen«, Seite 141.

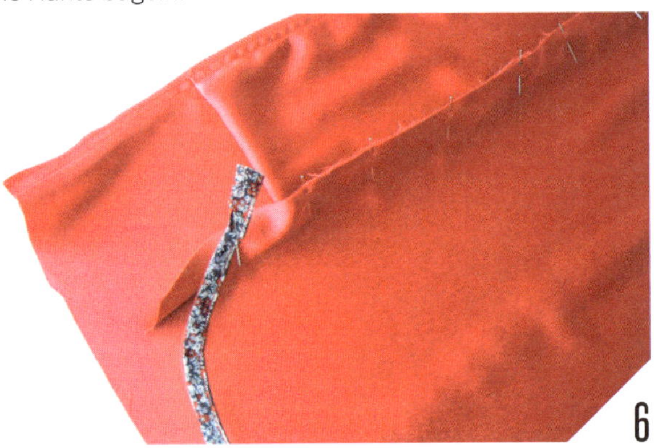

6

7

Stecken Sie rechts auf rechts das mittlere Vorderteil mit den seitlichen Vorderteilen zusammen. Die beiden Markierungszeichen liegen sich auf Brusthöhe gegenüber. Zwischen den Markierungszeichen müssen Sie etwas Weite einhalten. Stecken Sie viele Stecknadeln ein. Das mittlere Vorderteil ist kürzer als die seitlichen Vorderteile, fangen Sie deswegen oben am Kleid an. Bei 0,5 cm Nahtbreite steppen.

8

Nun folgt die Ausarbeitung der Innenseite der senkrechten Nähte zwischen dem Vorderteil und den Seitenteilen sowie der Säume der Seitenteile und des Rückenteils.

Ihr Kleid ist auf links gewendet. Ein Schrägband rechts auf links und oben an einer Seite des Vorderteils beginnend auf den Stoff legen. Das Schrägband ist geöffnet und Kante auf Kante gelegt. Nun das Schrägband weiter bis zum unteren Vorderteil und dann am Saum des Rückenteils feststecken. Auf der anderen Seite kommen Sie am anderen Vorderteil wieder nach oben, rechts auf links. In der Mitte des Schrägbands bei 1 cm Nahtbreite steppen.

9

Machen Sie mit der Technik des Einsetzens eines unsichtbaren Schrägbands weiter und schneiden Sie die überflüssige Nahtzugabe bis auf 2 mm weg. Schlagen Sie die Schrägbänder am Rückensaum zu den Seiten und nach innen um. Achten Sie darauf, dass Sie nicht die andere Seite Ihres Kleides mit in die Naht einfassen. Benutzen Sie den Freiarm Ihrer Nähmaschine.

10

Fassen Sie den Halsausschnitt unsichtbar mit Schrägband ein. Stülpen Sie an jedem Ende das Schrägband nach innen. Nähen Sie den Haken zum Verschließen des Rückenschlitzes von Hand an.

11

12

Fassen Sie den Saum des vorderen Ärmels ab dem Markierungszeichen mit Schrägband unsichtbar ein. Fügen Sie den vorderen Ärmel mit dem hinteren Ärmel in der Mitte zusammen und fassen Sie die Naht sowie den unteren Saum des hinteren Ärmels mit derselben Technik wie in den Schritten 8 und 9 unsichtbar mit Schrägband ein. Schließen Sie die Ärmel und setzen Sie sie ein, dabei müssen die vorderen und hinteren Schnittmustermarkierungen exakt aufeinanderpassen. Mit Geradstich bei 1 cm Nahtbreite steppen, versäubern und die Nähte bügeln. **Siehe »Einen Ärmel einsetzen«, Seite 145.**

STIRNBAND

Zwei Schlaufen können kunstvoll ineinandergesteckt werden und dieses hübsche Stirnband schließen, das Ihrer Frühlingsgarderobe einen schicken Boheme-Look verleiht.

MATERIAL

- *20 cm Stoff, 1,40 m breit*
- *7 cm Gummiband, 3 cm breit (die Länge richtet sich nach Ihrem Kopfumfang)*

Diese Maße sind für einen Kopfumfang von ca. 55 cm gedacht.

SCHNITTTEIL	HÄUFIGKEIT	NAHTZUGABE
Stirnbandstreifen	2-mal Länge 50 cm Höhe 8 cm	1 cm rundherum
Gummibandstreifen	1-mal Länge 14 cm Höhe 7 cm	1 cm rundherum

Zeichnen Sie die Streifen mit den angegebenen Maßen und den Nahtzugaben direkt auf den Stoff. Passen Sie die Maße, falls nötig, Ihrem Kopfumfang an.

GANZ WIE ES IHNEN GEFÄLLT!

Seien Sie einfallsreich und nehmen Sie unterschiedliche Stoffe für die beiden Seiten Ihres Stirnbands!

NÄHANLEITUNG

1

Falten Sie die beiden großen Streifen längs und rechts auf rechts. Steppen Sie bei 1 cm Nahtbreite über eine Strecke von 8 cm in der Mitte jedes Streifens. Wenden Sie die beiden Streifen auf rechts.

2

Nehmen Sie einen der beiden Streifen und falten Sie ihn rechts auf rechts quer. Steppen Sie an jeder Seite mit 1 cm Nahtzugabe. Sie dürfen aber nicht die Schlaufe zunähen. Es macht nichts, wenn Sie nicht bis zum Ende nähen. Sie können eine ca. 1 cm große Öffnung lassen.

3

Wenden Sie den Streifen auf rechts und schieben Sie den zweiten Streifen in die Schlaufe, die Sie gebildet haben.

4

Falten Sie den zweiten Streifen und steppen Sie die beiden Seiten rechts auf rechts wie in Schritt 2. Der erste Streifen steckt im zweiten; achten Sie darauf, dass Sie ihn nicht mit der Naht erfassen.

5

Wenden Sie ihn auf rechts. Die beiden Schlaufen sind ineinandergeschoben. Bügeln.

6

Falten Sie den kleinen Streifen für den Gummizug längs rechts auf rechts. Mit 1 cm Nahtzugabe zu einem Schlauch zusammensteppen, auf rechts wenden und bügeln. Das Gummiband in den Streifen ziehen.

Befestigen Sie es an den beiden Enden des Stoffschlauchs mit einer Nahtzugabe von 5 mm. Ihr Gummiband ist kürzer als der Stoffschlauch, Sie müssen ihn also kräuseln.

7

Schlagen Sie auf jeder Seite des breiten Streifens 1 cm nach innen um. Schlagen Sie die Enden so um, dass die Breite genau der Breite des Gummibandstreifens entspricht.

Schieben Sie das Gummiband und seinen Schlauch 1 cm in den Streifen und steppen Sie ihn dicht an der Kante fest.

Verfahren Sie genauso an der zweiten Seite.

MAI

GEKNÖPFTER ROCK

SEITE 48 BIS 51

ROMANTISCHE BLUSE

SEITE 52 BIS 55

GEKNÖPFTER ROCK

Dieser schwingende Rock mit dem hoch angesetzten Bund gibt Ihnen Gelegenheit, den Umgang mit dem Knopfannähfuß Ihrer Nähmaschine zu üben.

MATERIAL

- *1,20 m Stoff, 1,40 m breit*
- *6 beziehbare Knöpfe, 15 mm breit*
- *aufbügelbare Einlage (Vlieseline)*

VERWENDETE NÄHTECHNIKEN

Französische Nähte nähen, Seite 137
Einen geraden Saum nähen, Seite 138
Knöpfe mit Stoff beziehen, Seite 143
Einkräuseln, Seite 148

DEN STOFF ZUSCHNEIDEN

In Pink gezeichnetes Schnittmuster / Schnittbogen B
Der Stoff ist doppelt gelegt (siehe »Das Nähprojekt vorbereiten«, Seite 135).

Bügeln Sie die Einlage auf, bevor Sie die Stoffteile, die verstärkt werden sollen, zuschneiden, damit sie die gleichen Maße haben wie die entsprechenden nicht verstärkten Stoffteile.

SCHNITTTEIL	HÄUFIGKEIT	NAHTZUGABE
Vorderrock	Direkt auf den Stoff zeichnen 2-mal Höhe 45 cm Taillenweite für Größe 34: 36 cm ◆ 36: 38 cm ◆ 38: 40 cm ◆ 40: 42 cm ◆ 42: 44 cm	1 cm rundherum 3 cm für den Saum
Hinterrock	Direkt auf den Stoff zeichnen 1-mal im Stoffbruch Höhe 45 cm Taillenweite für Größe 34: 31 cm ◆ 36: 33 cm ◆ 38: 35 cm ◆ 40: 37 cm ◆ 42: 39 cm	1 cm rundherum bis auf den Stoffbruch 3 cm für den Saum
Taillenbund	2-mal im Stoffbruch, davon 1-mal verstärkt	1 cm rundherum bis auf den Stoffbruch

ZUSCHNEIDEPLAN

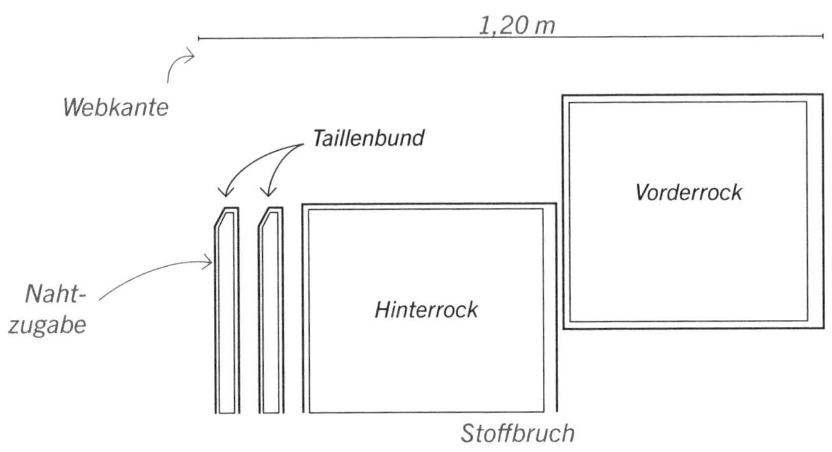

1

Zeichnen Sie die Rechtecke für den Vorder- und den Hinterrock mithilfe eines Lineals, eines Winkelmaßes und Schneiderkreide direkt auf den Stoff.

Schneiden Sie die Rechtecke sowie den Bund nach dem Schnittmuster aus. Bügeln Sie die Einlage auf eines der beiden Bundteile auf. Dieses wird dann außen liegen, das andere Bundteil dient als Futter.

Verstärken Sie die Längsseiten der Vorderrockteile, die in der Mitte des Rocks liegen werden, mit einem 7 cm breiten Streifen über die ganze Länge.

2

Verbinden Sie die Längsseiten der Vorderrockteile und des Hinterrocks mit französischen Nähten.
Siehe »Französische Nähte nähen«, Seite 137.

3

Schlagen Sie die mittleren Längsseiten vorne einmal 1 cm und dann 3 cm um. Steppen Sie die Umschlagkante mit Geradstich knappkantig fest.

4

Kräuseln Sie die Vorderrockteile und den Hinterrock ein und verteilen Sie die Kräuselung gleichmäßig, damit der Rock die gleiche Weite hat wie der Bund. Lassen Sie 1 cm Nahtzugabe an jedem Ende des Bundes stehen.
Siehe »Einkräuseln«, Seite 148.

Bei 1 cm Nahtbreite mit Geradstich steppen.

GANZ WIE ES IHNEN GEFÄLLT!

Entscheiden Sie selbst, in welcher Länge Sie den Rock tragen möchten: mini, midi oder maxi!

5

Schlagen Sie an der unteren Kante des Bundfutters 1 cm über die ganze Länge nach innen um.

6

Stecken Sie die beiden Bundteile rechts auf rechts zusammen. Bei 1 cm Nahtbreite mit Geradstich steppen. Um die Ecken in der vorderen Mitte zu nähen, lassen Sie die Nadel der Nähmaschine im Stoff stecken, heben den Nähfuß an, drehen die Näharbeit, senken den Nähfuß wieder ab und nähen dann weiter.

Schneiden Sie die Ecken ab und wenden Sie den Bund auf die rechte Seite. Bügeln.

7

Steppen Sie auf der rechten Seite am Bund entlang, damit das Futter an der Innenseite des Rocks fixiert wird.

8

Steppen Sie die sechs Knopflöcher. Das erste Knopfloch ist auf dem Schnittmuster des Bunds markiert. Es ist horizontal. Nähen Sie anschließend die anderen, vertikalen Knopflöcher alle 8 cm und 1,5 cm von der Kante entfernt.

Beziehen Sie die Knöpfe mit Stoff.
Siehe »Knöpfe mit Stoff beziehen«, Seite 143.

Nähen Sie die Knöpfe von Hand gegenüber den Knopflöchern 1,5 cm von der Kante entfernt an.

Steppen Sie einen 3 cm breiten Rocksaum.
Siehe »Einen geraden Saum nähen«, Seite 138.

ROMANTISCHE BLUSE

Ein großer Wassertropfenausschnitt auf dem Rücken, zarter Tüll, durchsichtig und mit Rüschen ... Das sind die Zutaten der romantischen Bluse des Monats Mai.

MATERIAL

- *1,30 m Stoff, 1,40 m breit*
- *20 cm Tüll, 1,40 m breit*
- *2 m Schrägband, gefalzt 1 cm breit*
- *1 Metallhaken*

VERWENDETE NÄHTECHNIKEN

Einen geraden Saum nähen, Seite 138
Abnäher nähen, Seite 139 f.
Ein Schrägband unsichtbar annähen, Seite 141
Einen Ärmel einsetzen, Seite 145

DEN STOFF ZUSCHNEIDEN

In Dunkelgrau gezeichnetes Schnittmuster / Schnittbogen A
Der Stoff ist mit zwei Stoffbrüchen und doppelt gelegt (siehe »Das Nähprojekt vorbereiten«, Seite 135). Dafür schneiden Sie zuerst das Vorderteil und das Rückenteil aus dem mit zwei Brüchen gelegten Stoff aus. Dann legen Sie den Stoff doppelt und schneiden daraus die Ärmel.

STOFF	SCHNITTTEIL	HÄUFIGKEIT	NAHTZUGABE
BAUMWOLLE	Vorderteil	1-mal im Stoffbruch	1 cm rundherum bis auf den Stoffbruch 3 cm für den Saum
	Rückenteil	1-mal im Stoffbruch	1 cm rundherum bis auf den Stoffbruch 3 cm für den Saum
	Ärmel	2-mal	1 cm rundherum
TÜLL	Schulterpasse	2-mal	1 cm rundherum
	Ärmelbündchen	2-mal Höhe 8 cm Länge 34: 34,3 cm ◆ 36: 35,5 cm ◆ 38: 36,7 cm ◆ 40: 37,9 cm ◆ 42: 39,1 cm ◆ 44: 40,3 cm	1 cm Nahtzugaben enthalten

ZUSCHNEIDEPLAN

BAUMWOLLE

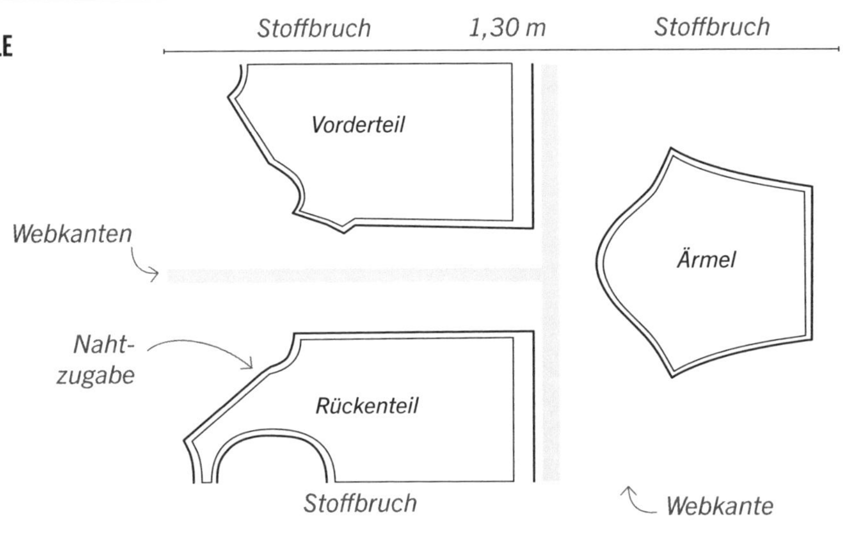

1

2

Steppen Sie die beiden Brustabnäher.
Siehe »Abnäher nähen«, Seite 140.

Bügeln Sie die Abnäher nach unten. Stecken Sie die Tüllteile der Schulterpassen mit den Schultern des Vorder- und des Rückenteils zusammen. Mit Geradstich bei 1 cm Nahtbreite steppen und versäubern. Steppen Sie auf der rechten Seite noch einmal auf derselben Naht, um die Nahtzugaben nach unten zu drücken.

Stecken Sie das Vorder- und das Rückenteil an den Seiten zusammen. Mit Geradstich bei 1 cm Nahtbreite steppen, versäubern und bügeln.

3

Schneiden Sie das Rückenteil in der Mitte des Halsausschnitts ein. Bringen Sie das Schrägband unsichtbar rund um den Wassertropfen an.
Siehe »Ein Schrägband unsichtbar annähen«, Seite 141.

4

Befestigen Sie das Schrägband unsichtbar am Halsausschnitt. In der Mitte des Rückenteils klappen Sie an jedem Ende das Schrägband mit dem Blusenstoff ein paar Millimeter um, damit es sauber aussieht.

5

Nähen Sie in der Mitte des Rückenteils den Verschluss auf jeder Seite des Halsausschnitts mit der Hand an.

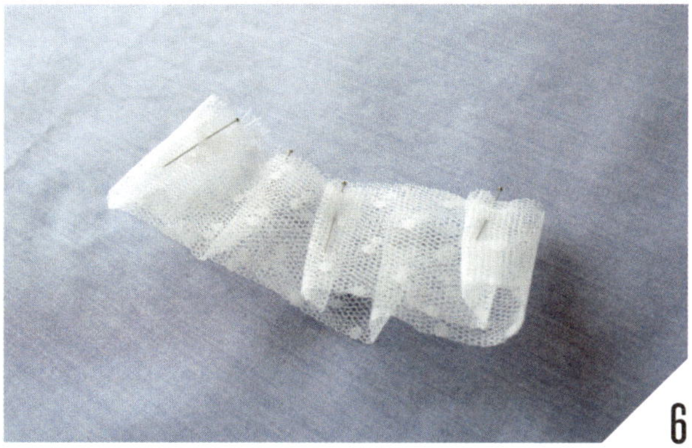

6

Falten Sie die Ärmelbündchen aus Tüll rechts auf rechts quer und schließen Sie die Naht mit Geradstich bei 1 cm Nahtbreite. Bügeln Sie die Nahtzugaben auseinander. Wenden Sie die Ärmelbündchen auf rechts. Falten Sie die Ärmelbündchen längs, links auf links und verteilen Sie so ringsherum fünf etwa 2 cm tiefe Falten. Die Ärmelbündchen müssen die gleiche Breite erreichen wie der untere Rand der Ärmel.

7

Schließen Sie die Ärmel.

Stecken Sie die Ärmelbündchen unten an den Ärmeln fest, rechts auf rechts. Die Seitennähte müssen genau aufeinanderliegen. Steppen Sie die Schnittkanten einmal im Kreis bei 5 mm Nahtbreite zusammen.

8

Bringen Sie zum Abschluss am unteren Rand jedes Ärmels unsichtbar ein Schrägband an.

Öffnen Sie das Schrägband und verbinden Sie es rechts auf rechts mit dem unteren Rand des Ärmels. Das Ärmelbündchen aus Tüll befindet sich zwischen dem Ärmel und dem Schrägband. Steppen Sie bei 1 cm Nahtbreite. Schneiden Sie die Nahtzugabe bis auf 2 mm weg und schlagen Sie das Schrägband zur Innenseite des Ärmels ein. Steppen Sie das Schrägband bei 0,8 cm Nahtbreite fest.

9

Setzen Sie die Ärmel ein und bügeln Sie die Nahtzugaben zu den Ärmeln.
Siehe »Einen Ärmel einsetzen«, Seite 145.

Steppen Sie einen 3 cm breiten Saum.
Siehe »Einen geraden Saum nähen«, Seite 138.

GANZ WIE ES IHNEN GEFÄLLT!

Spitze, Tüll, Stickerei ... lassen Sie beim Verzieren Ihrer romantischen Bluse Ihre Fantasie spielen.

just
married !

JUNI

FESTLICHES KLEID

SEITE 58 BIS 61

BLUMENHAARSCHMUCK

SEITE 62 BIS 63

FESTLICHES KLEID

Der Sommer ist Hochzeitssaison ... Das wäre doch eine tolle Gelegenheit, sich ein festliches Kleid zu schneidern!

MATERIAL

- *1,60 m feinen Stoff, z. B. Polyester-Krepp, 1,40 m breit*
- *1 unsichtbarer Reißverschluss, 40 cm lang*
- *1 Metallhaken*

VERWENDETE NÄHTECHNIKEN

Einen geraden Saum nähen, Seite 138
Abnäher nähen, Seite 139 f.
Einen Reißverschluss verdeckt einnähen, Seite 144
Einkräuseln, Seite 148

DEN STOFF ZUSCHNEIDEN

In Türkis gezeichnetes Schnittmuster / Schnittbogen D
Der Stoff ist doppelt gelegt (siehe »Das Nähprojekt vorbereiten«, Seite 135).

SCHNITTTEIL	HÄUFIGKEIT	NAHTZUGABE
Vorderteil	4-mal	1 cm rundherum
Rückenteil	4-mal	1 cm rundherum
Vorderrock	Direkt auf den Stoff zeichnen 1-mal im Stoffbruch Höhe 60 cm Taillenweite für Größe 34: 26 cm ◆ 36: 27,5 cm ◆ 38: 29 cm ◆ 40: 30,5 cm ◆ 42: 32 cm ◆ 44: 33,5 cm	1 cm rundherum bis auf den Stoffbruch 3 cm für den Saum
Hinterrock	Direkt auf den Stoff zeichnen 2-mal Höhe 60 cm Taillenweite für Größe 34: 24,5 cm ◆ 36: 26 cm ◆ 38: 27,5 cm ◆ 40: 29 cm ◆ 42: 30,5 cm ◆ 44: 32 cm	1 cm rundherum 3 cm für den Saum

ZUSCHNEIDEPLAN

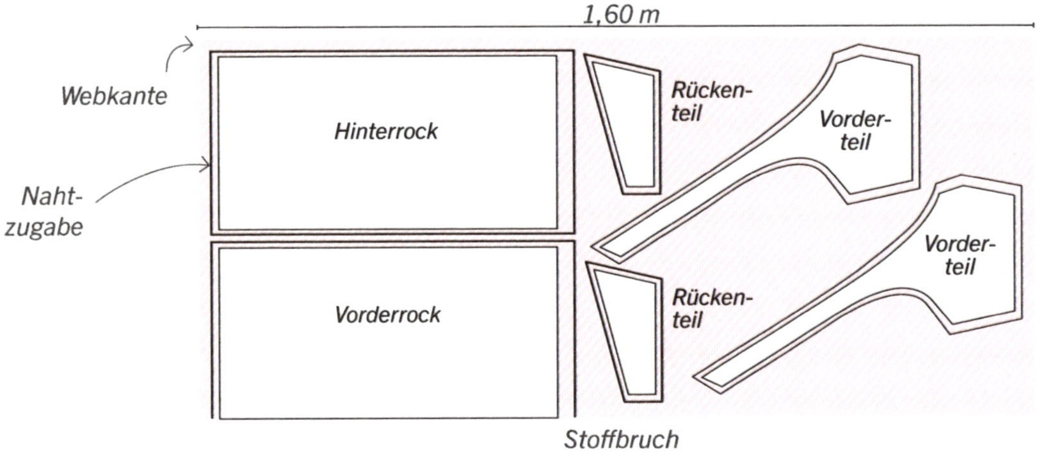

Wir verwenden hier einen fließenden und feinen Stoff.
Auf Seite 150 finden Sie dazu nützliche Tipps.

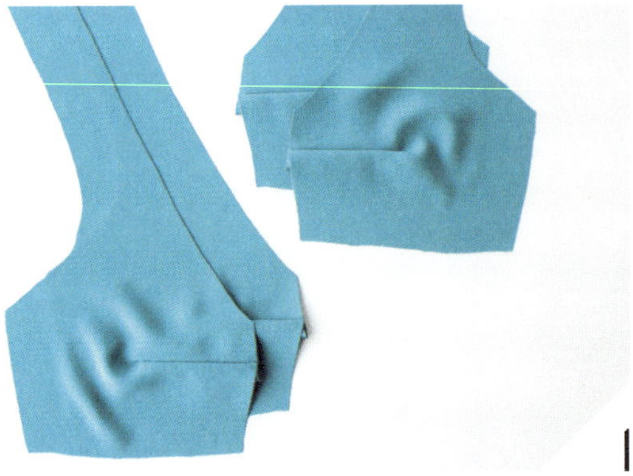

1

Steppen Sie die Brustabnäher auf den Vorderteilen (insgesamt 4 Brustabnäher).

Siehe »Abnäher nähen«, Seite 140.

Bügeln Sie diese nach unten.

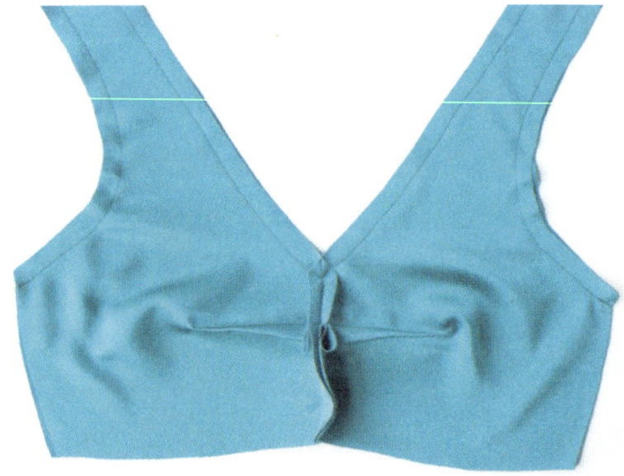

2

Stecken Sie ein rechtes und ein linkes Vorderteil in der Mitte zusammen. Die Abnäher müssen genau aufeinanderliegen. Steppen Sie mit Geradstich bei 1 cm Nahtbreite und bügeln Sie die Nahtzugaben auseinander. Wiederholen Sie den Vorgang mit den anderen beiden Vorderteilen, die als Futter dienen.

Stecken Sie das Vorderteil und sein Futter rechts auf rechts am Halsausschnitt, an den Armlöchern und entlang den Trägern zusammen. Steppen Sie bei 1 cm Nahtbreite. Schneiden Sie die Nahtzugaben an den Rundungen ein. Auf rechts wenden und bügeln.

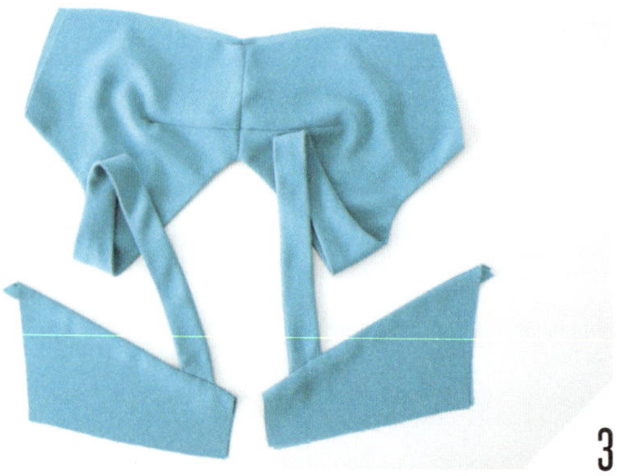

3

Stecken Sie ein Rückenteil und sein Futter rechts auf rechts oben zusammen. Schieben Sie den Träger des dazugehörigen Vorderteils nach der Markierung auf dem Schnittbogen in die Naht. Mit 1 cm Nahtbreite steppen und die Naht auseinanderbügeln.

Wiederholen Sie den Vorgang auf der anderen Seite des Rückenteils und schieben Sie den Träger in die Naht.

4

Stecken Sie das Vorderteil und das Rückenteil an den Seiten rechts auf rechts zusammen. Die Nähte des äußeren Stoffs und des Futters müssen deckungsgleich sein. Mit 1 cm Nahtbreite steppen und auseinanderbügeln.

GANZ WIE ES IHNEN GEFÄLLT!

Warum nicht die Träger verlängern und auf dem Rücken über Kreuz tragen?

5

Den Vorderrock und die Hinterrockteile an den Seiten rechts auf rechts zusammenstecken. Mit 1 cm Nahtbreite steppen, versäubern und bügeln.

Die Teile des Hinterrocks in der Mitte versäubern.

Kräuseln Sie den Rock ein, verbinden Sie ihn mit dem oberen Teil des Kleides (einschließlich des Futters) und verteilen Sie die Kräuselung gleichmäßig. Die Seitennähte müssen deckungsgleich sein. Mit 1 cm Nahtbreite steppen und bügeln.
Siehe »Einkräuseln«, Seite 148.

6

Bringen Sie den Reißverschluss unsichtbar in der Mitte des Rückenteils an.
Siehe »Einen Reißverschluss verdeckt einnähen«, Seite 144.

Lassen Sie das Plastikende des Reißverschlusses am Rücken 1 cm überstehen und stecken Sie den Reißverschluss bis zum unteren Ende fest. Steppen Sie mit dem Spezialfuß für Reißverschlüsse Ihrer Nähmaschine.

Schließen Sie die rückwärtige Mittelnaht unterhalb des Reißverschlusses mit dem Spezialfuß für Reißverschlüsse. Bei 1 cm Nahtbreite mit Geradstich steppen.

7

Schlagen Sie das Reißverschlussband oben nach innen um und nähen Sie es von Hand mit ein paar Stichen fest. Nähen Sie auf dem Reißverschluss einen Haken an.

Steppen Sie den Saum 3 cm breit ab.
Siehe »Einen geraden Saum nähen«, Seite 138.

BLUMENHAARSCHMUCK

Hier zeige ich Ihnen ein ganz von Hand genähtes Accessoire. Dafür können Sie für eine Weile Ihre Nähmaschine verlassen und gemütlich auf Ihrem Sofa oder unterwegs nähen.

MATERIAL

- *20 cm weißer Musselinstoff, 1,40 m breit*
- *20 cm türkiser Musselinstoff, 1,40 m breit*
- *50 cm Gummifaden, ca. 1 mm Durchmesser*
- *2 vergoldete Drahtklemmen, 13 mm breit*
- *starker Klebstoff*

SCHNITTTEIL	HÄUFIGKEIT	NAHTZUGABE
Weiße Blütenblätter	31-mal 7 cm Durchmesser	Keine Nahtzugabe
Türkise Blütenblätter	31-mal 7 cm Durchmesser	Keine Nahtzugabe
Blumenblätter-Stützband	Länge 32 cm Höhe 4 cm	Keine Nahtzugabe

NÄHANLEITUNG

1

Schneiden Sie aus Musselin 62 Stoffkreise mit 7 cm Durchmesser zu. Fertigen Sie sich dafür eine Schablone aus Karton, übertragen Sie den Umriss mit Bleistift auf den Musselin und schneiden Sie die Kreise aus. Sie können die Kreise auch mit einem Glas mit ähnlichem Durchmesser auf den Musselin zeichnen. Schneiden Sie außerdem einen 32 cm langen und 4 cm breiten Streifen aus Musselin zu. Auf diesem Streifen werden Sie die Blütenblätter festnähen.

2

Falten Sie ein rundes Stoffstück auf die Hälfte. Falten Sie es noch einmal auf die Hälfte. So formen Sie Ihre Blütenblätter.

3

Rollen Sie Ihren Musselinstreifen auf und nähen Sie von Hand im Abstand von 1 cm (beginnend 1 cm vom Ende) immer zwei gefaltete Blütenblätter auf den Musselinstreifen. Sichern Sie Ihre Stiche jeweils mit Knoten. Fügen Sie über die ganze Länge des Streifens Ihre Blütenblätter Zentimeter für Zentimeter aneinander und wechseln Sie dabei die Farben.

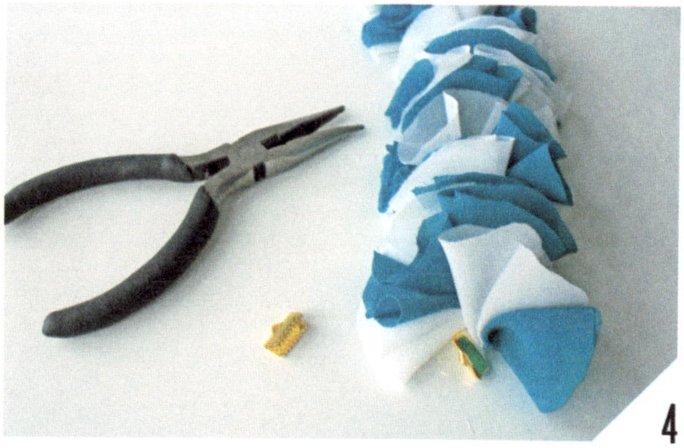

4

Befestigen Sie an jedem Ende des Musselinstreifens mit ein paar Tropfen Klebstoff eine Drahtklemme. Sollte Ihr Musselin für die Klemmen zu fein sein, verstärken Sie den gerollten Musselinstreifen mit einem etwas dickeren Stoff in der gleichen Farbe.

5

Fädeln Sie den Gummifaden durch die Klemmen und machen Sie einen Knoten. Jetzt können Sie den Blumenhaarschmuck aufsetzen und feststellen, wie groß er sein soll.

GANZ WIE ES IHNEN GEFÄLLT!

Diese Blumenkrone kann auch aus weichem Tüll und einem sehr leichten, bedruckten Baumwollstoff hergestellt werden. Sie können Sie als Kopfband, aber auch als Verzierung eines Haarknotens tragen.

JULI

STRANDKLEID

SEITE 66 BIS 69

STRANDTASCHE

SEITE 70 BIS 73

STRANDKLEID

Dieses lässige und bequeme Kleid ist ideal für den Strandbesuch im Sommer. Dank der verstellbaren und abnehmbaren Träger werden Sie gleichmäßig braun!

MATERIAL

- *2 m Stoff, 1,40 m breit*
- *1 flaches Gummiband, 2 cm breit (für Größe 34: 74 cm ◆ 36: 78 cm ◆ 38: 82 cm ◆ 40: 86 cm ◆ 42: 90 cm ◆ 44: 94 cm)*
- *1 Fertigset für 2 BH-Träger*

VERWENDETE NÄHTECHNIKEN

Einen runden Saum nähen, Seite 138
Ein Band herstellen, Seite 147

DEN STOFF ZUSCHNEIDEN

In Pink gezeichnetes Schnittmuster / Schnittbogen D
Der Stoff ist doppelt gelegt (siehe »Das Nähprojekt vorbereiten«, Seite 135).

SCHNITTTEIL	HÄUFIGKEIT	NAHTZUGABE
Volant	2-mal im Stoffbruch (ein Vorderteil, ein Rückenteil)	1 cm rundherum bis auf den Stoffbruch
Kleid	2-mal im Stoffbruch (ein Vorderteil, ein Rückenteil)	1 cm rundherum bis auf den Stoffbruch
Schlauch für Gummiband	Direkt auf den Stoff zeichnen 2-mal Breite 7 cm Länge für Größe 34: 52 cm ◆ 36: 54,5 cm ◆ 38: 57 cm ◆ 40: 59,5 cm ◆ 42: 62 cm ◆ 44: 64,5 cm	Nahtzugaben enthalten
Bänder	Direkt auf den Stoff zeichnen 2-mal Breite 4 cm Länge 58 cm	Nahtzugaben enthalten

ZUSCHNEIDEPLAN

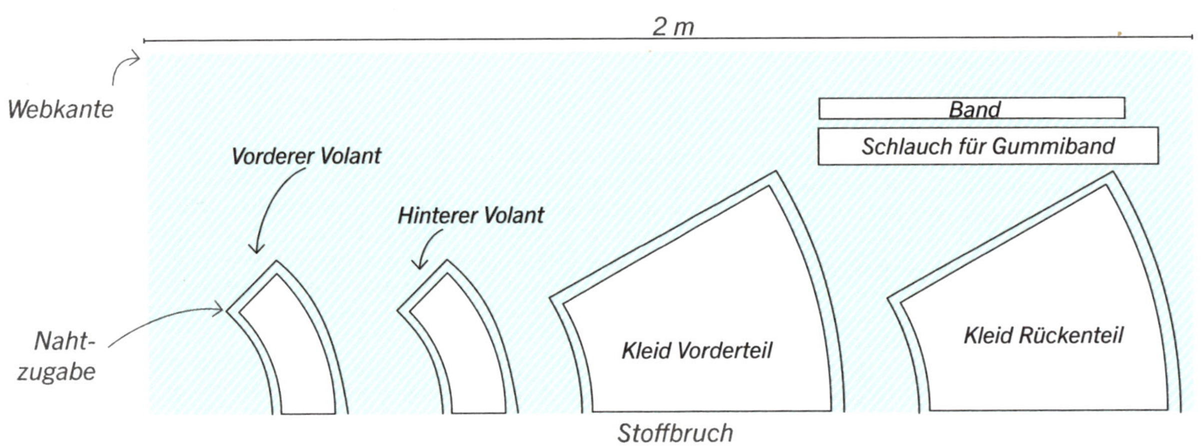

1

Stecken Sie die beiden Volants an den Seiten zusammen. Bei 1 cm Nahtbreite steppen, versäubern und bügeln. Verfahren Sie genauso beim Vorder- und beim Rückenteil des Kleides.

Stecken Sie die beiden Bänder, die als Schlauch für das Gummiband dienen, an den Schmalseiten rechts auf rechts zusammen. Bei 1 cm Nahtbreite steppen und die Nahtzugaben auseinanderbügeln.

2

Fertigen Sie die Bänder an.
Siehe »Ein Band herstellen«, Seite 147.

Schneiden Sie die Bänder in vier 25 cm lange Träger und vier 4 cm lange Bänder.

3

Falten Sie den Schlauch für das Gummiband der Länge nach links auf links. Stecken Sie das ganze Kleid, den Volant und den Schlauch oben zusammen. Legen Sie zuerst den Volant Kante auf Kante auf den oberen Kleidrand. Die linke Seite des Volants liegt auf der rechten Seite des Kleides. Dann legen Sie Kante auf Kante den Schlauch darauf, mit dem Stoffbruch nach unten. Sie Seitennähte müssen deckungsgleich sein.

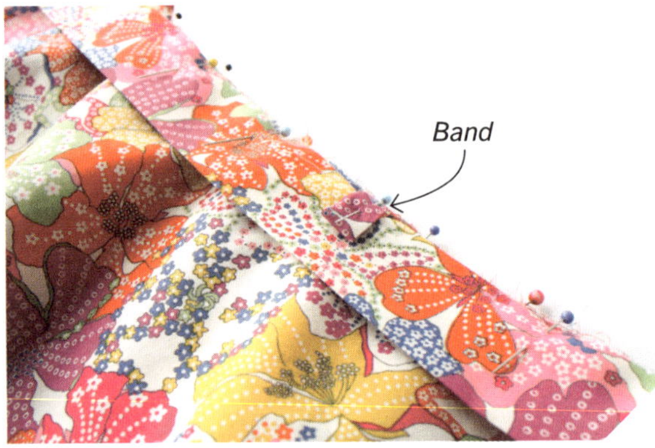

4

Legen Sie die vier kleinen Bänder, auf die Hälfte gefaltet, jeweils im Abstand von 14 cm von den Seitennähten auf den Schlauch. In diese Schlaufen werden die Haken der abnehmbaren BH-Träger gesteckt.

Bei 1 cm Nahtbreite steppen und eine ca. 5 cm große Öffnung lassen, in die das Gummiband gezogen werden kann.

GANZ WIE ES IHNEN GEFÄLLT!

Nach diesem Schnittmuster können Sie einen Rock schneidern, wenn Sie die Gummibandlänge an Ihre Taillenweite anpassen und die Rocklänge nach Ihrem Geschmack ändern.

5

Ziehen Sie das Gummiband mithilfe einer Sicherheitsnadel in den Schlauch. Das Gummiband darf sich dabei nicht verdrehen.

Nähen Sie die beiden Enden des Gummibands flach zusammen, damit im Schlauch keine Verdickung entsteht. Schließen Sie die Öffnung des Schlauchs. Versäubern und die Nahtzugabe nach unten bügeln.

6

Steppen Sie die Säume des Volants und des Kleides.
Siehe »Einen runden Saum nähen«, Seite 138.

7

Fertigen Sie verstell- und abnehmbare Träger an. An den Bändern befestigen Sie mit ein paar Stichen von Hand den Ring an einem Ende und den Haken zum Einhängen am anderen Ende. Am zweiten Band nähen Sie an einem Ende von Hand die Mitte des 8-förmigen Schiebers an.

8

Stecken Sie das Ende des zweiten Bandes in den Ring und schieben Sie es in die 8. Nähen Sie zum Schluss am anderen Ende einen Haken zum Einhängen des Trägers an.

9

Fertigen Sie den zweiten Träger an und verbinden Sie beide Träger mit dem Kleid an den am Gummibandschlauch angenähten Schlaufen.

STRANDTASCHE

Diese Tasche mit maritimem Flair wird Sie in diesem Sommer an den Strand begleiten.

MATERIAL

- *70 cm Stoff, 1,40 m breit, für die Außenseite*
- *70 cm Stoff, 1,40 m breit, für das Futter*

DEN STOFF ZUSCHNEIDEN

In Hellgrau gezeichnetes Schnittmuster / Schnittbogen B
Der Stoff ist jeweils mit zwei Stoffbrüchen doppelt gelegt (siehe »Das Nähprojekt vorbereiten«, Seite 135).

SCHNITTTEIL	HÄUFIGKEIT	NAHTZUGABE
Tasche (Außenstoff)	2-mal im Stoffbruch	1 cm rundherum bis auf den Stoffbruch
Futterstoff	2-mal im Stoffbruch	1 cm rundherum bis auf den Stoffbruch

ZUSCHNEIDEPLAN

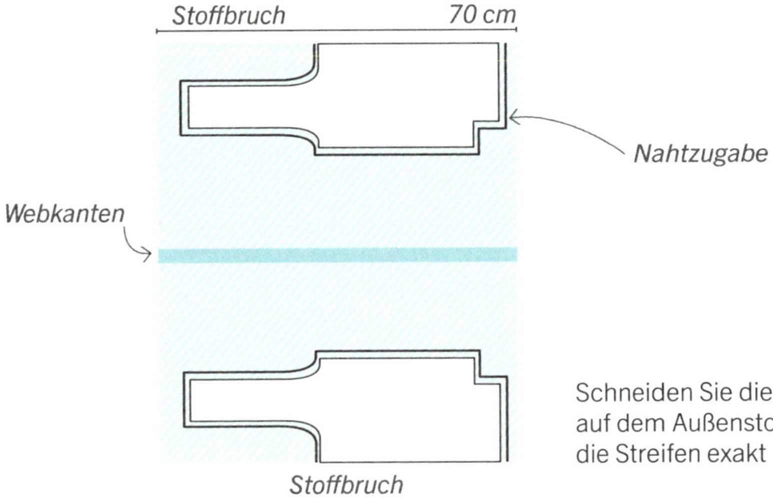

Schneiden Sie die Schnittmusterteile auf dem Außenstoff zweimal zu, damit die Streifen exakt passen.

1

Stecken Sie jeweils ein Außenstoffteil und ein Futterstoffteil an den Griffen rechts auf rechts und Kante auf Kante zusammen. Bei 1 cm Nahtbreite steppen (nicht oben an den Griffen). Den Vorgang wiederholen.

Schneiden Sie die Nahtzugaben bis auf 2 mm zurück und wenden Sie eines der beiden Teile der Tasche auf rechts. Bügeln.

2

Schieben Sie das Teil der Tasche, das auf rechts gewendet ist, in die Griffe des anderen Teils, das noch auf links liegt. Die Außenstoffe liegen nun rechts auf rechts.

3

Steppen Sie mit Geradstich bei 1 cm Nahtbreite die Griffe oben zusammen. Die Seitennähte sollen gut aufeinanderpassen.

4

Wenden Sie die Tasche auf rechts.

5

Stecken Sie die Seiten der Tasche Kante auf Kante und rechts auf rechts so zusammen, dass jeweils die Nähte des Außenstoffs und des Innenstoffs aufeinanderliegen. Mit Geradstich bei 1 cm Nahtbreite steppen und die Nahtzugaben auseinanderbügeln.

6

Schließen Sie den Boden der Außentasche, indem Sie rechts auf rechts mit Geradstich bei 1 cm Nahtbreite steppen.

7

Steppen Sie die Seiten des Taschenbodens der Außentasche zu. Falten Sie dafür den Stoff und legen Sie die zwei Seitennähte deckungsgleich aufeinander.

8

Wenden Sie die Tasche, sodass der Futterstoff nach außen zeigt. Schließen Sie den Boden der Innentasche. Schlagen Sie dafür den Futterstoff auf jeder Seite 1 cm nach innen um. Kante auf Kante zusammenstecken und mit 2 mm Nahtbreite steppen.

Steppen Sie die Seiten des Bodens der Innentasche mit der gleichen Technik wie in Schritt 7.

GANZ WIE ES IHNEN GEFÄLLT!

Schneidern Sie eine Tasche aus zwei Stoffarten oder Farben. Dazu schneiden Sie die Außentasche aus zwei verschiedenen Stoffen zu (einen für den oberen Teil, einen für den unteren) und fügen zwischen den beiden Stoffen eine Paspel ein.

AUGUST

TRÄGERTOP

SEITE 76 BIS 79

MAXIROCK

SEITE 80 BIS 81

TRÄGERTOP

Das am Ausschnitt angebrachte Schrägband verwandelt sich in Träger. Lernen Sie die Verarbeitung von Schrägband aus dem Stoff Ihres Tops.

MATERIAL

- *1 m Stoff, 1,40 m breit*

VERWENDETE NÄHTECHNIKEN

Einen geraden Saum nähen, Seite 138
Ein Schrägband sichtbar annähen, Seite 141
Ein Schrägband herstellen, Seite 142

DEN STOFF ZUSCHNEIDEN

In Pink gezeichnetes Schnittmuster / Schnittbogen D
Der Stoff ist mit zwei Stoffbrüchen gefaltet (siehe »Das Nähprojekt vorbereiten«, Seite 135).

SCHNITTTEIL	HÄUFIGKEIT	NAHTZUGABE
Vorderteil	1-mal im Stoffbruch	1 cm an den Seiten 3 cm für den Saum Keine Nahtzugaben für den Halsausschnitt und die Armlöcher
Rückenteil	1-mal im Stoffbruch	1 cm an den Seiten 3 cm für den Saum Keine Nahtzugaben für den Halsausschnitt und die Armlöcher
Schrägband	3,50 m Schrägband, gefalzt 1 cm breit, herzustellen	Keine Nahtzugaben

ZUSCHNEIDEPLAN

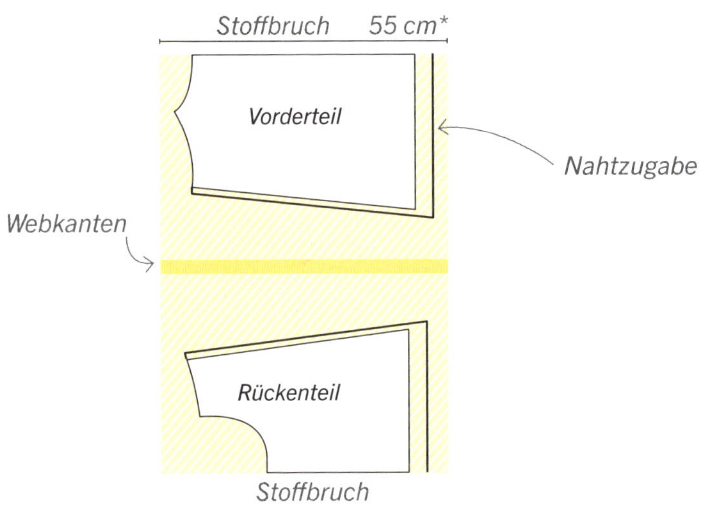

** Der Rest des Stoffes wird zur Herstellung der 3,50 m Schrägband verwendet.*

1

Stecken Sie das Vorder- und das Rückenteil an den Seiten Kante auf Kante und rechts auf rechts zusammen. Dann bei 1 cm Nahtbreite steppen, versäubern und bügeln.

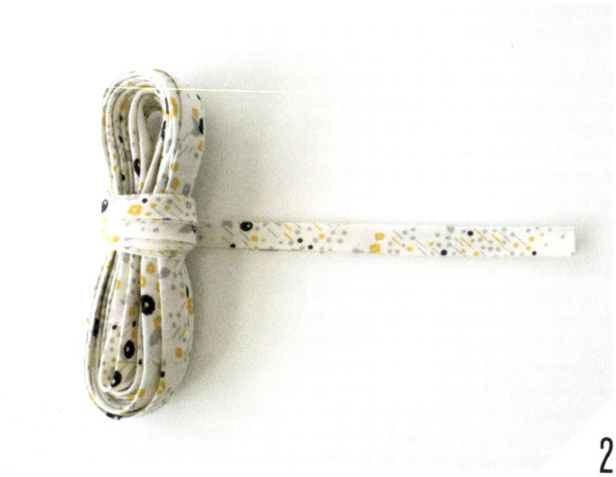

2

Fertigen Sie 3,50 m Schrägband aus Ihrem Stoff an. **Siehe »Ein Schrägband herstellen«, Seite 142.**

3

Fassen Sie die Armlöcher und das Dekolleté am Rücken sichtbar mit Schrägband ein. **Siehe »Ein Schrägband sichtbar annähen«, Seite 141.**

Beginnen Sie damit, das Schrägband an einem der Armlöcher festzustecken, ausgehend vom Vorderteil, und hören Sie am Anfang des Rückendekolletés auf. Steppen und die Naht über 3 cm nach dem Ende des Armausschnitts fortsetzen.

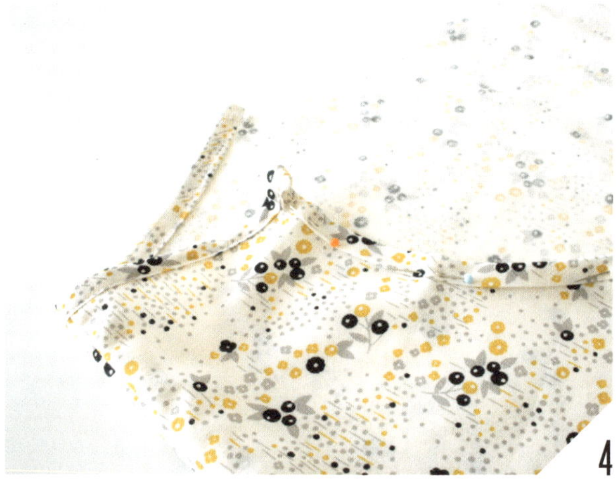

4

Stecken Sie das Schrägband nun am Rückenausschnitt fest und formen Sie an der Ecke zwischen rückwärtigem Armausschnitt und Rückendekolleté eine Schlaufe mit dem Schrägband. Durch diese wird dann einer der Träger des Tops gefädelt. Schneiden Sie in den Rundungen ggf. eine kleine Kerbe in den Schrägband-Stoff, damit Sie das Schrägband leichter anbringen können.

5

Führen Sie die Naht fort und beenden Sie sie am Ende des Rückendekolletés, wo Sie die Naht über 3 cm nach der Ecke weiterführen.

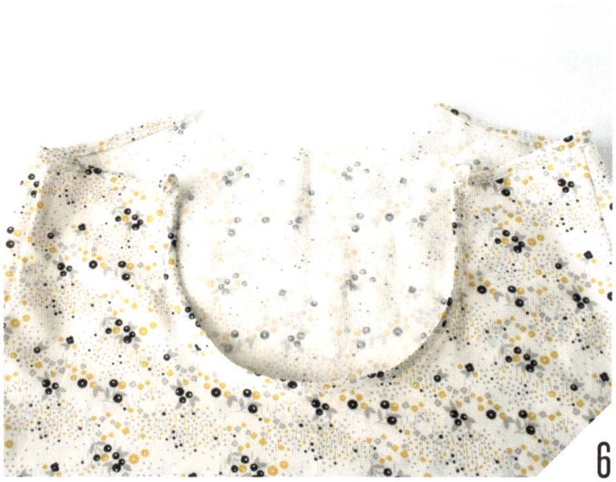

6

Nähen Sie das Schrägband bis zum Ende des vorderen Armausschnitts weiter an und bilden Sie eine zweite Schlaufe.

7

Fassen Sie den vorderen Halsausschnitt mit sichtbarer Blende ein. Stecken Sie das Schrägband in der Mitte des Halsausschnitts fest und lassen Sie dann das Schrägband auf jeder Seite des Halsausschnitts über eine Länge von ungefähr 1 m als Träger hängen.

Steppen Sie das Schrägband in einem Rutsch fest.

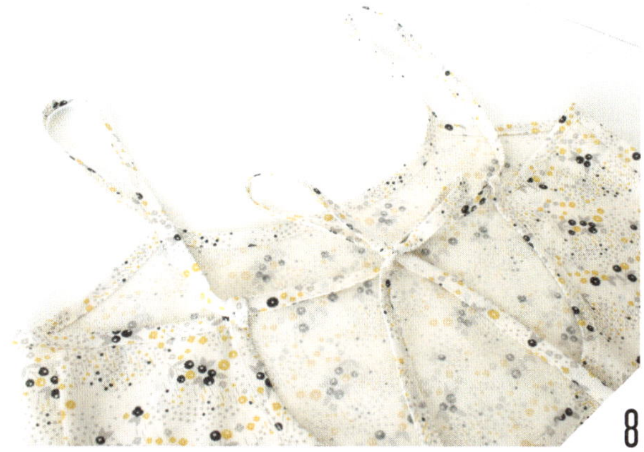

8

Fädeln Sie die Träger durch die beiden Schlaufen am Rücken. Verknoten. Sie können auch je einen Träger an einer Schlaufe festknoten, sodass ein großes offenes Dekolleté am Rücken entsteht.

Sichern Sie Ihre beiden Schlaufen unten mit ein paar Stichen. Steppen Sie den Saum 3 cm breit ab.
Siehe »Einen geraden Saum nähen«, Seite 138.

GANZ WIE ES IHNEN GEFÄLLT!

Wenn Sie schneller fertig werden und weniger Stoff verbrauchen wollen, tut es auch fertiges Schrägband aus dem Kurzwarenhandel.

MAXIROCK

Dieser schicke lange Rock im Boheme-Look schützt Sie vor den Strahlen der Sonne, aber bei Hitze wird es Ihnen nicht allzu warm.

MATERIAL

- *2,20 m Stoff, 1,40 m breit*
- *10 Knöpfe, 15 mm breit*
- *aufbügelbare Einlage (Vlieseline)*

VERWENDETE NÄHTECHNIKEN

Französische Nähte nähen, Seite 137
Einen geraden Saum nähen, Seite 138
Knöpfe mit Stoff beziehen, Seite 143
Einkräuseln, Seite 148

DEN STOFF ZUSCHNEIDEN

In Pink gezeichnetes Schnittmuster / Schnittbogen B
Der Stoff ist doppelt gelegt (siehe »Das Nähprojekt vorbereiten«, Seite 135).
Bügeln Sie die Einlage auf, bevor Sie die Stoffteile, die verstärkt werden sollen, zuschneiden, damit sie die gleichen Maße haben wie die entsprechenden nicht verstärkten Stoffteile.

NÄHANLEITUNG

Befolgen Sie beim Nähen des August-Rocks die Schritte des Mai-Rocks. Sie können zwischen bezogenen Knöpfen und Perlmuttknöpfen wie bei dem Modell auf dem Foto wählen.

SCHNITTTEIL	HÄUFIGKEIT	NAHTZUGABEN
Vorderteil	Direkt auf dem Stoff zeichnen 2-mal Höhe 100 cm Taillenweite für Größe 34: 36 cm ◆ 36: 38 cm ◆ 38: 40 cm ◆ 40: 42 cm ◆ 42: 44 cm	1 cm rundherum 3 cm für den Saum
Rückenteil	Direkt auf dem Stoff zeichnen 1-mal im Stoffbruch Höhe 100 cm Taillenweite für Größe 34: 31 cm ◆ 36: 33 cm ◆ 38: 35 cm ◆ 40: 37 cm ◆ 42: 39 cm	1 cm rundherum bis auf den Stoffbruch 3 cm für den Saum
Bund	2-mal im Stoffbruch	1 cm rundherum bis auf den Stoffbruch

GANZ WIE ES IHNEN GEFÄLLT!

Verändern Sie die Rocklänge: mini, midi oder maxi!

ZUSCHNEIDEPLAN

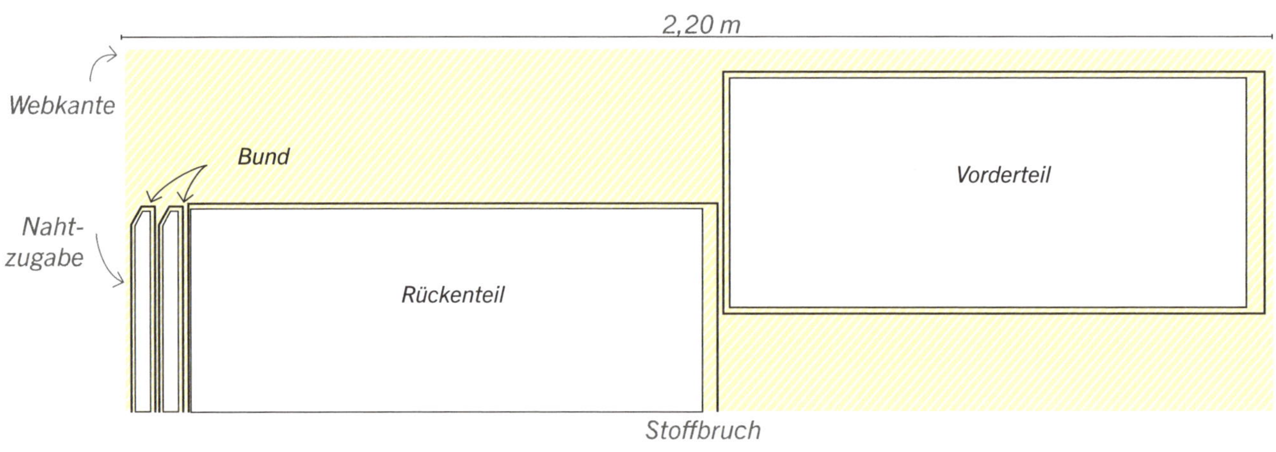

SEPTEMBER

HEMDBLUSE

SEITE 84 BIS 89

HOSE

SEITE 90 BIS 95

GÜRTEL MIT SCHLEIFE

SEITE 96 BIS 97

HEMDBLUSE

Diese taillierte und mit ihrem abgerundeten Kragen sehr feminine Bluse sollte in keinem Kleiderschrank fehlen.

MATERIAL

- *1,60 m Stoff, 1,40 m breit*
- *9 Knöpfe, 1 cm Durchmesser*
- *aufbügelbare Einlage (Vlieseline)*

VERWENDETE NÄHTECHNIKEN

Einen runden Saum nähen, Seite 138
Abnäher nähen, Seite 139 f.
Einen Ärmel einsetzen, Seite 145

DEN STOFF ZUSCHNEIDEN

In Türkis gezeichnetes Schnittmuster / Schnittbogen B
Der Stoff ist doppelt gelegt (siehe »Das Nähprojekt vorbereiten«, Seite 135).

SCHNITTTEIL	HÄUFIGKEIT	NAHTZUGABE
Vorderteil	2-mal	1 cm rundherum
Rückenteil	1-mal im Stoffbruch	1 cm rundherum bis auf den Stoffbruch
Schulterpasse	2-mal im Stoffbruch, davon 1-mal verstärkt	1 cm rundherum bis auf den Stoffbruch
Ärmel	2-mal	1 cm rundherum
Manschette	2-mal verstärkt	1 cm rundherum
Steg	2-mal im Stoffbruch, davon 1-mal verstärkt	1 cm rundherum bis auf den Stoffbruch
Kragen	2-mal im Stoffbruch, davon 1-mal verstärkt	1 cm rundherum bis auf den Stoffbruch

ZUSCHNEIDEPLAN

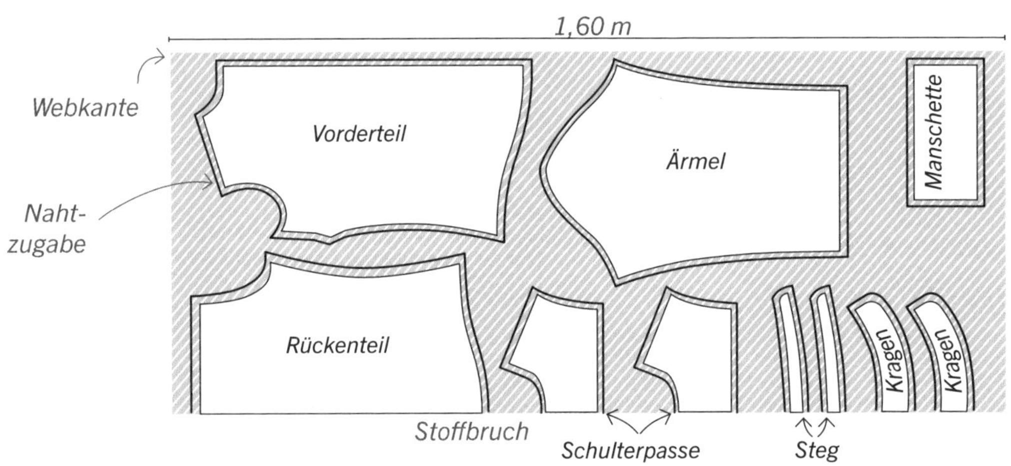

1

Stecken Sie das Rückenteil mit den Passenteilen zusammen. Die Mitte des Rückenteils trifft genau auf die Mitte der Passen. Die verstärkte Passe liegt rechts auf rechts auf dem Rückenteil. Formen Sie in der Mitte des Rückenteils die Falte wie auf dem Schnittbogen angezeigt. Bei 1 cm Nahtbreite steppen, die Passen nach oben bügeln und knapp absteppen.

2

Die beiden Vorderteilkanten mit einem 4 cm breiten Streifen verstärken. Erst 2 cm und dann noch einmal 2 cm nach innen umschlagen. Die Umschlagkante knappkantig feststeppen.

Die Brustabnäher steppen.
Siehe »Abnäher nähen«, Seite 140.

3

Stecken Sie die Vorderteile an den Schultern rechts auf rechts auf das verstärkte Passenteil. Bei 1 cm Nahtbreite steppen. Das nicht verstärkte Passenteil wird mit dieser Naht nicht erfasst.

4

Mit der rechten Seite nach oben das Rückenteil zu den Schultern hochrollen.

5

Verfahren Sie genauso mit den Vorderteilen. Das Rücken- und das Vorderteil liegen auf dem verstärkten Passenteil.

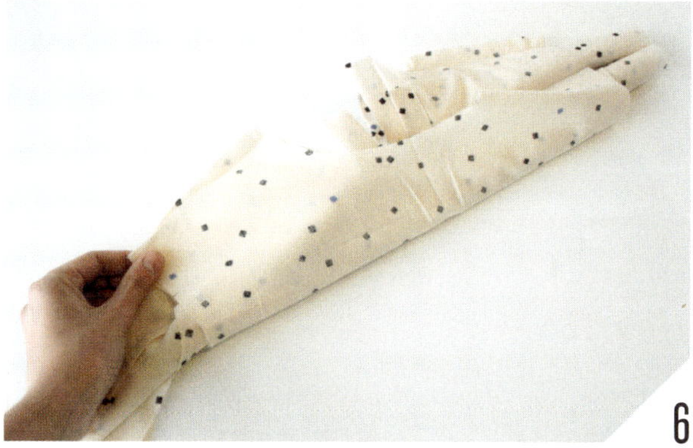

6

Legen Sie das nicht verstärkte Passenteil Kante auf Kante an das verstärkte Passenteil. Steppen Sie erneut auf der Naht, die Passe und Vorderteil verbindet.

Wenden Sie Ihre Näharbeit auf rechts und steppen Sie die Nähte zwischen den Vorderteilen und der Schulterpasse.

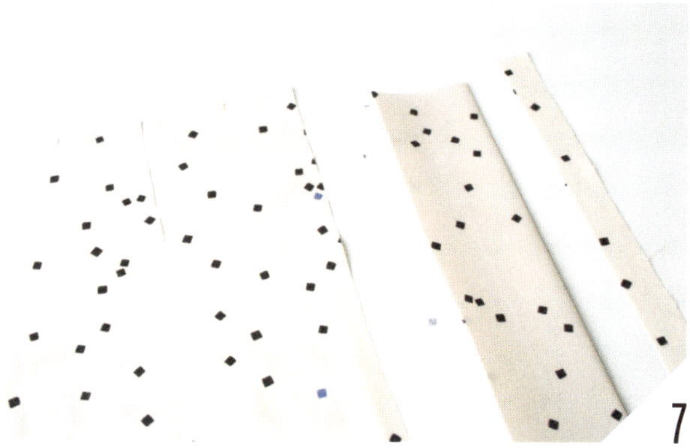

7

Bügeln Sie auf den Manschetten die Einlage auf. Links auf links der Länge nach falten. Falten Sie an einer der Längsseiten 1 cm nach innen.

Schneiden Sie den Schlitz in den beiden Ärmeln ein. Schneiden Sie zwei 2 cm breite und ca. 25 cm lange Streifen im Fadenlauf Ihres Stoffes zu.

8

Ziehen Sie den Schlitz des Ärmels auseinander und stecken Sie rechts auf rechts den Streifen mit dem Schlitz zusammen.

9

Steppen Sie 5 mm von der Streifenkante entfernt. Steppen Sie möglichst bis oben in den Schlitz.

10

Den Stoffstreifen zweimal 5 mm breit um den Ärmelstoff schlagen und mit Geradstich feststeppen.

GANZ WIE ES IHNEN GEFÄLLT!

Verändern Sie den Stil Ihrer September-Bluse mit einer Paspel an Kragen und Schulterpasse.

11

Schließen Sie den Ärmel längs, indem Sie mit Geradstich bei 1 cm Nahtbreite steppen, dann versäubern und bügeln.

Stecken Sie den nicht gefalteten Teil der Manschette Kante auf Kante und rechts auf rechts mit dem Ärmel zusammen. Legen Sie die beiden Falten des Ärmels nach den Markierungen auf dem Schnittmuster. Lassen Sie die Manschette auf jeder Seite des Schlitzes 1 cm überstehen.

12

Wenden Sie die Seite des Schlitzes, die von der Seitennaht des Ärmels am weitesten entfernt ist, auf links.

Steppen Sie die Umschlagkante knappkantig fest.

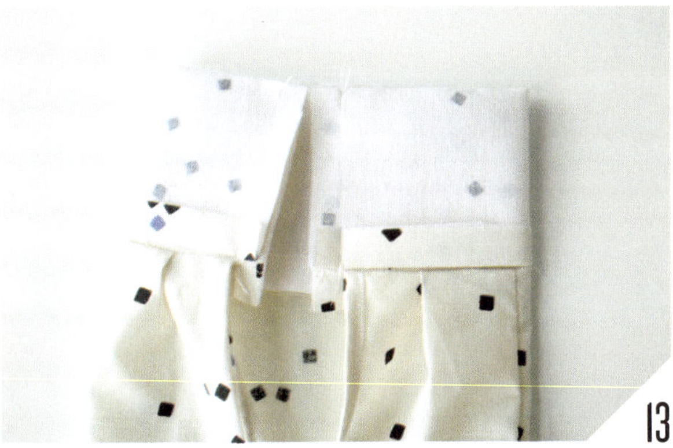

13

Wenden Sie die Manschette auf links und steppen Sie die Seitennähte in der Verlängerung des Schlitzes.

14

Wenden Sie die Manschette auf rechts und steppen Sie oben auf der Manschette. Achten Sie darauf, dass Sie die Manschette auf der linken Seite mit dieser Naht erfassen.

Die Manschette überlappt sich am Schlitz um 2 cm. Nähen Sie das Knopfloch in der Mitte der Manschette auf der Seite, die am weitesten von der Seitennaht des Ärmels entfernt ist. Nähen Sie auf der gegenüberliegenden Seite den Knopf von Hand an.

Setzen Sie die Ärmel ein.
Siehe »Einen Ärmel einsetzen«, Seite 145.

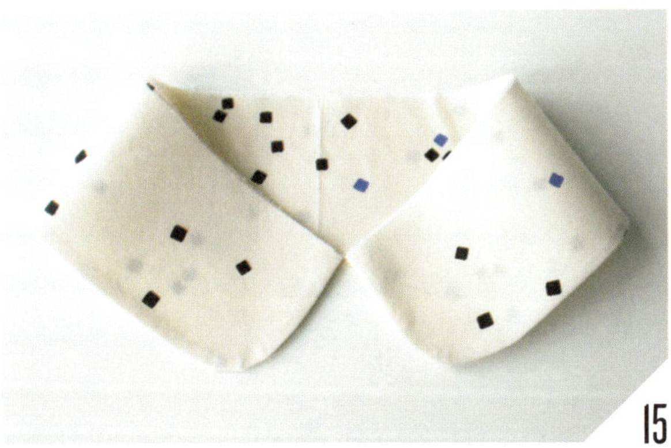

15

Verstärken Sie einen der beiden Kragenteile. Stecken Sie die Kragenteile Kante auf Kante und rechts auf rechts zusammen und steppen Sie bei 1 cm Nahtbreite am unteren Stegrand entlang. An den Rundungen einschneiden und auf rechts wenden. Bügeln.

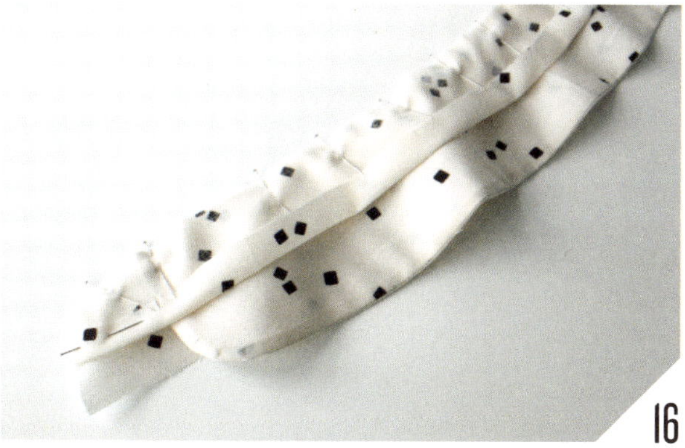

16

Verstärken Sie einen der beiden Stege. Schlagen Sie den unteren nicht verstärkten Stegrand 1 cm nach links um.

Schieben Sie den Kragen zwischen die beiden Stegteile, rechts auf rechts. Beginnen Sie damit, die Mitte zusammenzustecken, dann die beiden Seiten. Der Steg ist länger als der Kragen. Der verstärkte Steg liegt gegen das nicht verstärkte Kragenteil.

Mit 1 cm Nahtbreite absteppen und an den Rundungen einschneiden.

17

Den Steg auf rechts wenden und absteppen.

18

Den verstärkten Steg mit dem Hemdkragen zusammenlegen, Kante auf Kante und rechts auf rechts. Die Markierungen der Mitten und der Schultern sollen genau aufeinandertreffen.

19

Mit 1 cm Nahtbreite an der Umschlagkante des nicht verstärkten Stegs steppen.

20

Den Steg wenden, rechte Seite nach außen, und absteppen, dabei den nicht verstärkten Steg und die Nahtzugaben in der Naht miterfassen.

Die Knopflöcher nach den Markierungen des Schnittmusters steppen und die Knöpfe gegenüber von Hand annähen. Die Knopflöcher liegen auf der rechten Seite Ihrer Hemdbluse (wenn sie angezogen ist).

Den Saum der Hemdbluse steppen.
Siehe »Einen runden Saum nähen«, Seite 138.

HOSE

Diese Hose ist ideal, um sich im September nach den Sommerferien wieder auf den Weg zur Arbeit zu machen!

MATERIAL

- *2 m Stoff, 1,40 m breit*
- *1 Hosenreißverschluss, 18 cm lang*
- *2 Metallhaken*
- *aufbügelbare Einlage (Vlieseline)*

VERWENDETE NÄHTECHNIKEN

Einen geraden Saum nähen, Seite 138
Abnäher nähen, Seite 139 f.
Ein Band herstellen, Seite 147

DEN STOFF ZUSCHNEIDEN

In Dunkelgrau gezeichnetes Schnittmuster / Schnittbogen D
Der Stoff ist doppelt gelegt (siehe »Das Nähprojekt vorbereiten«, Seite 135).

SCHNITTTEIL	HÄUFIGKEIT	NAHTZUGABE
Vorderteil	2-mal	1 cm rundherum
Hinterteil	2-mal	1 cm rundherum
vorderer Bund	4-mal, davon 2-mal verstärkt	1 cm rundherum
hinterer Bund	4-mal, davon 2-mal verstärkt	1 cm rundherum
Tasche	2-mal kleine Tasche 2-mal Taschenboden	1 cm rundherum

ZUSCHNEIDEPLAN

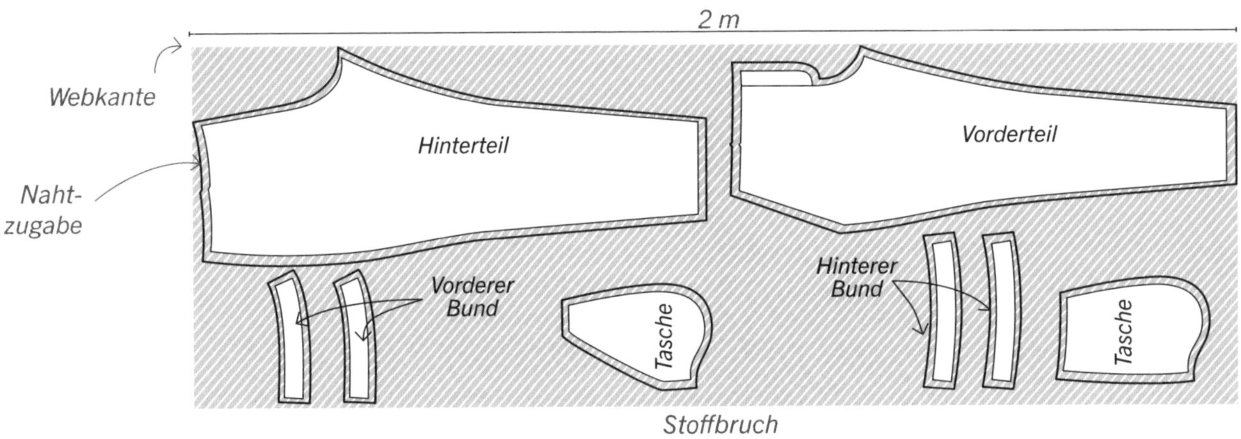

1

Die Abnäher auf den Vorderteilen der Hose steppen. Nach außen bügeln.
Siehe »Abnäher nähen«, Seite 140.

Die Mitte der beiden Hosenvorderteile versäubern. Dann die Vorderteile zusammenfügen, rechts auf rechts, und bei 1 cm Nahtbreite bis zum Schritt steppen. Die Naht mit ein paar Rückstichen am Anfang der Schlitzblende beenden.

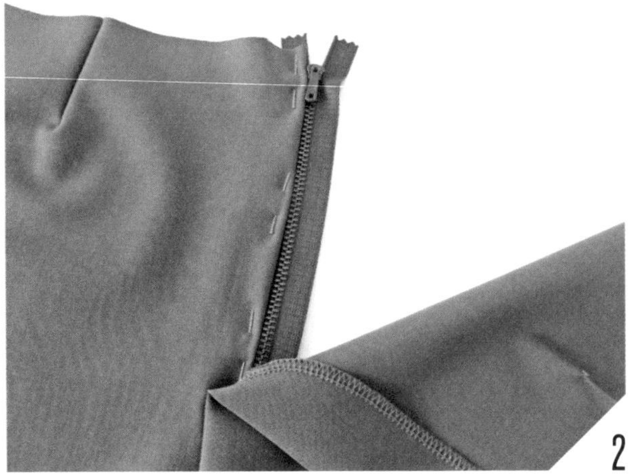

2

Auf dem linken Vorderteil (wenn Sie die Hose tragen) die Schlitzblende in der Verlängerung der Naht nach innen legen, entlang der auf dem Schnittbogen gezeigten Linie.

Auf dem rechten Vorderteil der Hose die Schlitzblende so nach innen legen, dass sich die Kante auf der Linie des Schnittbogens befindet. Stecken Sie dann den Reißverschluss fest, wobei der Stoffbruch eng an den Krampen verläuft. Wenn der Reißverschluss geschlossen ist, befindet sich der Schieber 1 cm unterhalb des Saums.

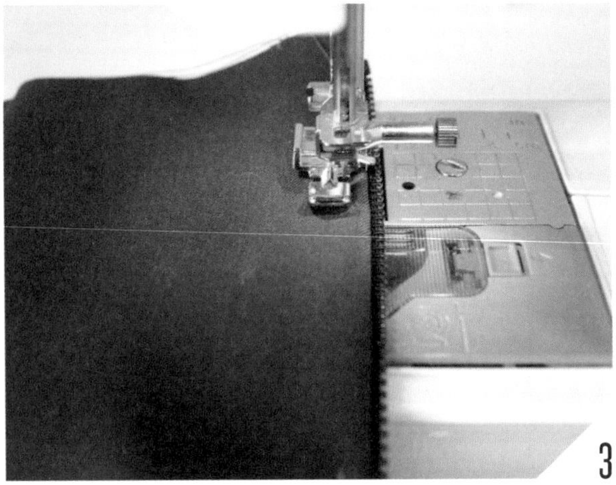

3

Steppen Sie den Reißverschluss mit dem Reißverschlussfuß Ihrer Nähmaschine fest.

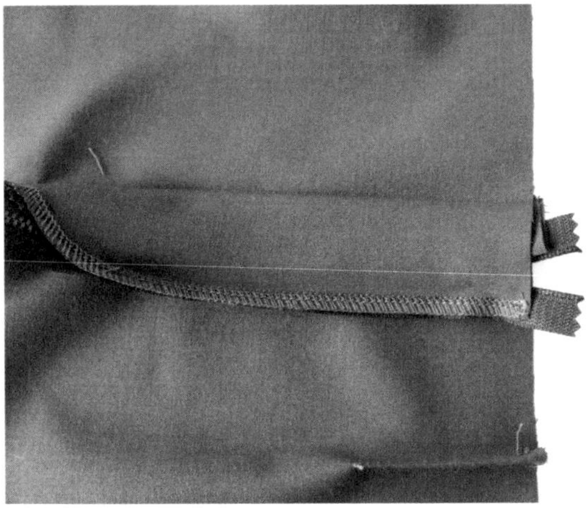

4

Steppen Sie die andere Seite des Reißverschlusses Kante auf Kante mit der Schlitzblende des linken Vorderteils der Hose zusammen.

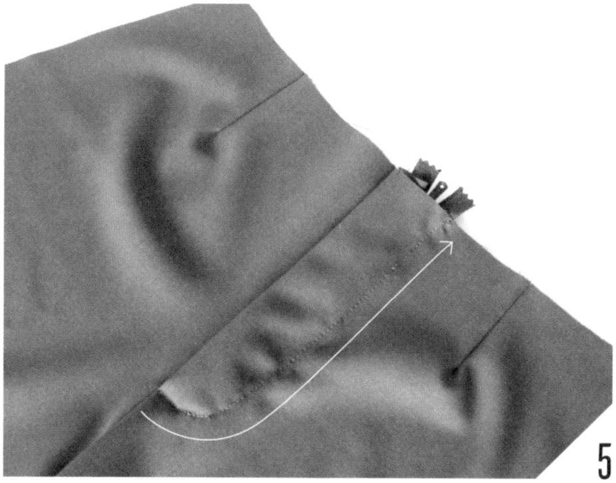

5

Auf der rechten Stoffseite der Hose den Umschlag des linken Hosenvorderteils glätten und steppen, um die Schlitzblende zu befestigen. Diese Naht unten an der Öffnung beginnen und nach oben fortfahren. Sie können die Naht mit Schneiderkreide, die sich auswaschen lässt (auf einem Stoffrest ausprobieren), auf den Stoff vorzeichnen.

6

Fügen Sie die kleinen Taschen und die Taschenböden Kante auf Kante und rechts auf rechts zusammen. Mit 1 cm Nahtbreite steppen, versäubern und bügeln.

7

Verbinden Sie die kleinen Taschen Kante auf Kante und rechts auf rechts mit den Hosenvorderteilen. Mit 1 cm Nahtbreite steppen, versäubern und bügeln. Dann die Seitennähte der kleinen Taschen knappkantig steppen und dabei die Nahtzugaben miterfassen.

8

Die Taschen nach innen wenden und oben und an der Seite bei 5 mm Nahtbreite absteppen, um sie zu halten.

Steppen Sie die Abnäher auf den Hosenhinterteilen. Nach außen bügeln. Die Hinterteile der Hose am Schritt zusammenfügen. Bei 1 cm Nahtbreite steppen, versäubern und bügeln.

Steppen Sie die Vorder- und Hinterteile der Hose am Schritt und an den Seiten zusammen. Die Nähte müssen am Schritt exakt aufeinanderpassen.

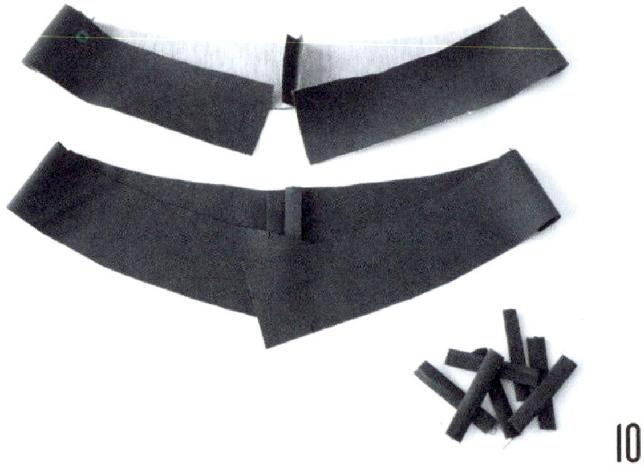

Verstärken Sie zwei vordere und zwei hintere Bundteile. Kante auf Kante und rechts auf rechts aufeinanderlegen und bei 1 cm Nahtbreite absteppen. Die Nahtzugaben auseinanderbügeln. Mit den nicht verstärkten Bundteilen genauso verfahren.

Fertigen Sie sieben 6 cm lange Bänder an.
Siehe »Ein Band herstellen«, Seite 147.

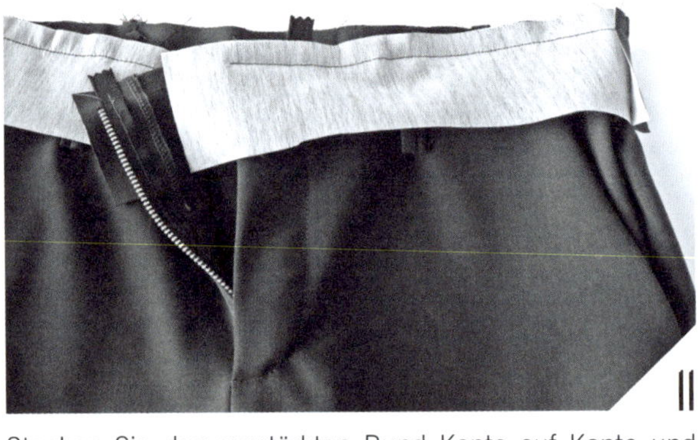

Stecken Sie den verstärkten Bund Kante auf Kante und rechts auf rechts mit der Hose zusammen. Die Seitennähte müssen exakt aufeinanderpassen. Der Bund soll 1 cm am rechten Vorderteil und 3 bis 4 cm am linken Vorderteil der Hose überstehen.

Stecken Sie die 7 Bänder, die als Gürtelschlaufen dienen werden, zwischen die Hose und den Bund. Sie werden in Höhe der vier Abnäher, der beiden Seitennähte und der hinteren Mittelnaht platziert.

Bei 1 cm Nahtbreite absteppen und den Bund zusammen mit den Nahtzugaben nach oben bügeln.

13

Versäubern Sie den unteren Rand des Bundfutters. Stecken Sie den verstärkten Bund Kante auf Kante und rechts auf rechts mit dem Bundfutter zusammen. Bei 1 cm Nahtbreite steppen. Auf der Mitte des rechten Vorderteils bei 1 cm Nahtbreite steppen. Auf der Mitte des linken Vorderteils in der Verlängerung der Schlitzblende steppen.

14

Die Gürtelschlaufen werden in dieser Naht zwischen dem verstärkten Bund und dem Bundfutter miterfasst.

Schneiden Sie die Ecken ab und drehen Sie das Bundfutter auf die Innenseite der Hose. Steppen Sie die Naht zwischen den beiden Bundteilen auf der Seite des Bundfutters knappkantig ab und erfassen Sie dabei die Nahtzugaben.

15

Steppen Sie auf der rechten Seite auf der Naht zwischen der Hose und dem verstärkten Bund entlang. Steppen Sie diese Naht vorsichtig, damit sie so wenig wie möglich zu sehen ist.

16

Nähen Sie in der Mitte des Hosenvorderteils die Haken von Hand an.

Nähen Sie den 3 cm breiten Saum mit der Nähmaschine oder von Hand.
Siehe »Einen geraden Saum nähen«, Seite 138.

GANZ WIE ES IHNEN GEFÄLLT!

Verkürzen Sie diese Hose und machen Sie daraus elegante Shorts, die Sie im Winter mit Strumpfhosen tragen können.

GÜRTEL MIT SCHLEIFE

Eine Schleife wird nicht nur am Hals getragen. Wir zeigen Ihnen hier, wie Sie Ihre September-Hose mit einer hübschen Schleife am Bund besonders feminin gestalten können. Die Schwierigkeit liegt nicht so sehr in der Herstellung des Bunds mit Tunnelzug, sondern in der Bindetechnik.

MATERIAL

- *40 cm Stoff, 1,40 m breit*
- *aufbügelbare Einlage (Vlieseline)*

DEN STOFF ZUSCHNEIDEN

In Türkis gezeichnetes Schnittmuster / Schnittbogen D

SCHNITTTEIL	HÄUFIGKEIT	NAHTZUGABE
Außenseite	4-mal	1 cm rundherum
Einlage	2-mal	1 cm rundherum

NÄHANLEITUNG

Schneiden Sie den Oberstoff und die Einlage zu und geben Sie dabei rundherum 1 cm Nahtzugabe hinzu. Bügeln Sie die Einlage auf. Steppen Sie jeweils zwei Bänder (jeweils die mit Einlage und die ohne Einlage) in der Mitte 1 cm von der Schnittkante entfernt zusammen. Die Nahtzugaben auseinanderbügeln.

Stecken Sie die beiden fertigen Bänder Kante auf Kante und rechts auf rechts zusammen. Steppen Sie rundherum in 1 cm Abstand von der Kante und lassen Sie eine 5 bis 10 cm große Öffnung. Schneiden Sie die Nahtzugaben bis auf 3 mm von der Naht weg und drehen Sie die Näharbeit auf die rechte Seite. Bügeln und die Öffnung mit ein paar Stichen von Hand schließen.

Gegenüber zeigen wir die einzelnen Schritte beim Binden der Schleife.

1

Stecken Sie den Gürtel durch die Schlaufen und machen Sie mit den Enden einen einfachen Knoten.

2

Falten Sie die Knotenseite, die unten ist, horizontal. So beginnen Sie mit der Schleife.

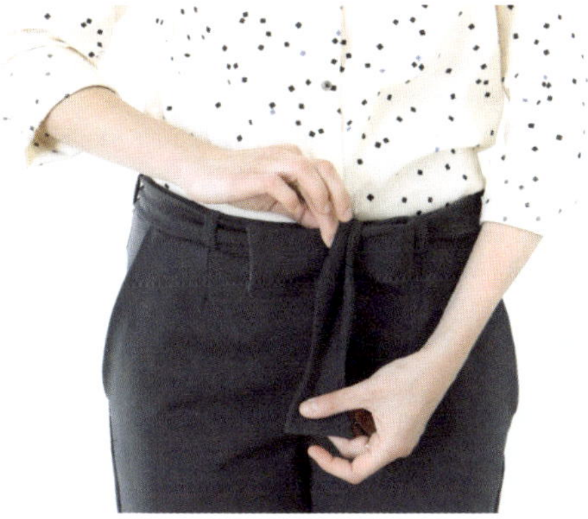

3

Legen Sie die Knotenseite, die oben ist, darüber.

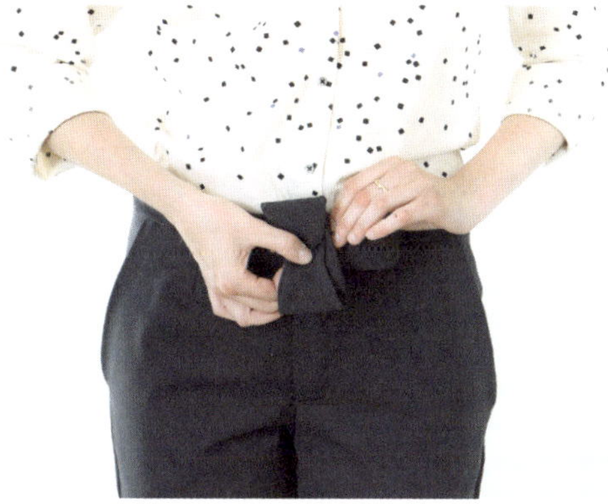

4

Falten Sie diese Seite horizontal.

5

Führen Sie die gefaltete Spitze hinter Ihrem ersten Knoten durch.

6

Die Schleife festziehen und gerade rücken.

OKTOBER

SWEATSHIRT

SEITE 100 BIS 103

STREIFENROCK

SEITE 104 BIS 107

SWEATSHIRT

Nähen Sie sich ein lässiges, feminines und sportives Sweatshirt aus einem golden schimmernden Stoff.

MATERIAL

- *1,40 m Stoff mit etwas Elastizität, 1,40 m breit*

DEN STOFF ZUSCHNEIDEN

In Dunkelgrau gezeichnetes Schnittmuster / Schnittbogen B
Der Stoff ist doppelt gelegt (siehe »Das Nähprojekt vorbereiten«, Seite 135).

SCHNITTTEIL	HÄUFIGKEIT	NAHTZUGABE
Vorderteil	1-mal im Stoffbruch	1 cm rundherum bis auf den Stoffbruch
Rückenteil	1-mal im Stoffbruch	1 cm rundherum bis auf den Stoffbruch
Ärmel	2-mal	1 cm rundherum
Ärmelmanschette	2-mal	1 cm rundherum
Halsausschnittstreifen	1-mal im Stoffbruch	1 cm rundherum bis auf den Stoffbruch
Saumstreifen	2-mal	1 cm rundherum

ZUSCHNEIDEPLAN

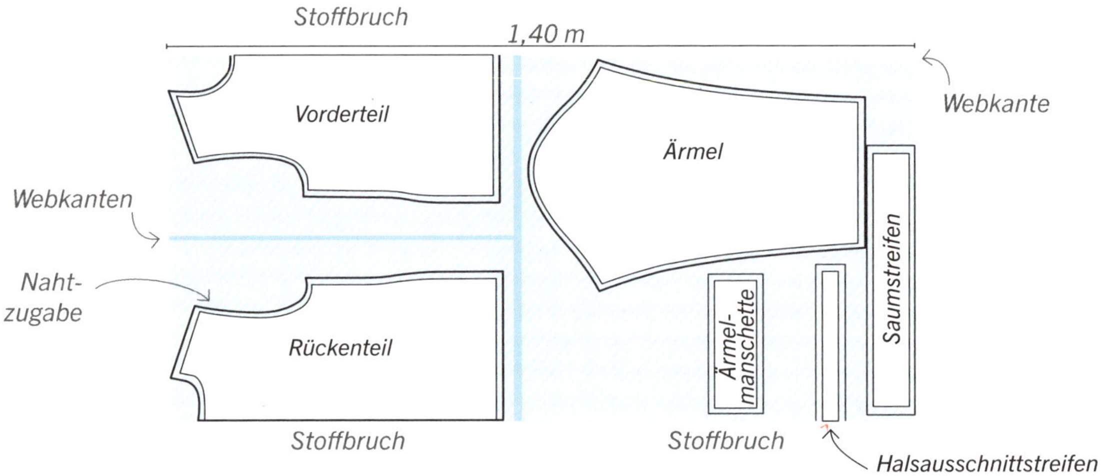

Stecken Sie das Vorder- und das Rückenteil des Sweatshirts an den Schultern Kante auf Kante und rechts auf rechts zusammen. Bei 1 cm Nahtbreite mit Geradstich absteppen und bügeln.

Setzen Sie die Ärmel ein. Die Markierungspunkte in der Mitte und vorne müssen dabei exakt aufeinanderliegen. Bei 1 cm Nahtbreite mit Geradstich absteppen und bügeln.
Siehe »Einen Ärmel einsetzen«, Seite 145.

Schließen Sie die Ärmel und nähen Sie das Vorder- und das Rückenteil an den Seiten zusammen. Die Armausschnittnähte müssen dabei exakt aufeinanderliegen. Bei 1 cm Nahtbreite in einem Rutsch mit Geradstich steppen und bügeln.

GANZ WIE ES IHNEN GEFÄLLT!

Schneiden Sie Buchstaben oder Motive aus einem kontrastierenden Stoff zu und verleihen Sie dem Sweatshirt damit eine persönliche Note.

4

Falten Sie die Ärmelmanschetten quer und rechts auf rechts. Die Schmalseiten bei 1 cm Nahtbreite steppen. Die Nahtzugaben auseinanderbügeln.

Wieder auf die rechte Seite wenden und links auf links der Länge nach falten.

Das Gleiche mit dem Halsausschnittstreifen und den Saumstreifen wiederholen.

5

Bringen Sie die Manschetten an den unteren Ärmelkanten an. Legen Sie zunächst die Seitennähte passgenau aufeinander und dehnen Sie die Manschette, um sie gleichmäßig rund um den Ärmel zu verteilen. Die Manschette ist etwas kleiner als der untere Ärmelrand.

Bei 1 cm Nahtbreite steppen und den Stoff dabei leicht dehnen, damit keine Fältchen entstehen. Bügeln.

6

Bringen Sie den Saumstreifen an der unteren Kante Ihres Sweatshirts an. Legen Sie die Seitennähte aufeinander, stecken Sie die Teile Kante auf Kante und rechts auf rechts zusammen und dehnen Sie dabei den Saumstreifen, um ihn gleichmäßig an der unteren Sweatshirtkante zu verteilen. Bei 1 cm Nahtbreite steppen und bügeln.

7

Bringen Sie den Halsausschnittstreifen an. Stecken Sie zunächst die Markierungspunkte zusammen.

Die Seitennaht des Halsausschnittstreifens befindet sich in der Mitte des Rückenteils. Setzen Sie dann die Markierungspunkte der Schultern. Stecken Sie die Mitte des Halsausschnittstreifens mit der Mitte des Vorderteils zusammen.

Dann regelmäßig weiter zusammenstecken und dabei den Stoff leicht dehnen.

Bei 1 cm Nahtbreite steppen, versäubern und die Nahtzugaben nach unten bügeln. Schmalkantig um den Halsausschnitt absteppen, um die Nahtzugaben flach zu halten.

STREIFENROCK

Der für das herbstliche Wochenende perfekt geeignete Oktober-Rock ist modisch und dank der aparten Streifen ein Blickfang.

MATERIAL

- *1 m Jersey, 1,40 m breit, mit mindestens 30 % Elastizität*
- *1 flaches Gummiband, 6 cm breit*
  Länge: für Größe 34: 63 cm ◆ 36: 67 cm ◆ 38: 71 cm
  40: 75 cm ◆ 42: 79 cm ◆ 44: 83 cm

VERWENDETE NÄHTECHNIK

Jersey nähen, Seite 149

DEN STOFF ZUSCHNEIDEN

In Türkis gezeichnetes Schnittmuster / Schnittbogen D
Der Stoff ist doppelt gelegt (siehe »Das Nähprojekt vorbereiten«, Seite 135).

SCHNITTTEIL	HÄUFIGKEIT	NAHTZUGABE
Vorderteil A	2-mal	1 cm rundherum
Vorderteil B	2-mal	1 cm rundherum
Rückteil	2-mal im Stoffbruch	1 cm rundherum bis auf den Stoffbruch
Taillenbund	Direkt auf den Stoff zeichnen 2-mal Höhe 12 cm Länge für Größe 34: 33,5 cm ◆ 36: 35,5 cm ◆ 38: 37,5 cm ◆ 40: 39,5 cm ◆ 42: 41,5 cm ◆ 44: 43,5 cm	1 cm rundherum

ZUSCHNEIDEPLAN

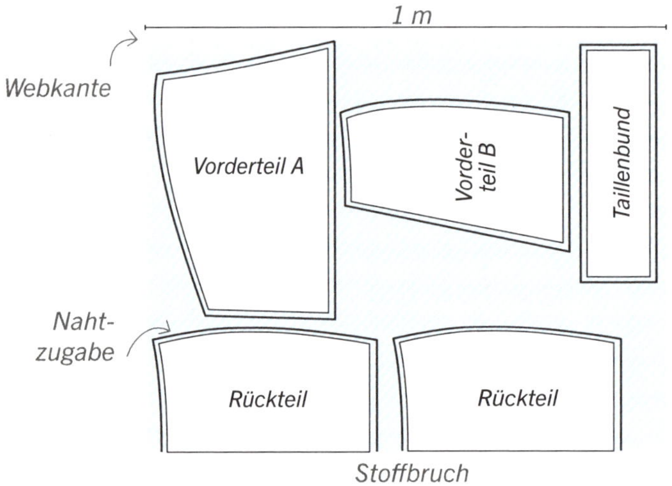

1

Stecken Sie die beiden Vorderteile A unten Kante auf Kante und rechts auf rechts zusammen. Bei 1 cm Nahtbreite absteppen, bügeln. Ebenso mit den beiden Vorderteilen B verfahren.

2

Das Vorderteil B auf rechts wenden. Das Vorderteil A auf links lassen und aufklappen. Das Vorderteil B mit der vernähten Unterkante voraus zwischen die beiden Vorderteile A legen, A zusammenklappen und alles Kante auf Kante und rechts auf rechts zusammenstecken. Der untere Rand des Vorderteils B muss in Höhe des auf dem Schnittbogen des Vorderteils A gezeichneten Markierungspunktes liegen. Bei 1 cm Nahtbreite steppen.

3

Die Ecken abschneiden, das Vorderteil A auf rechts wenden und bügeln.

4

Stecken Sie die beiden Rückteile unten Kante auf Kante und rechts auf rechts zusammen. Bei 1 cm Nahtbreite absteppen, bügeln.

Lassen Sie die Rückteile auf links und schieben Sie das Vorderteil zwischen die beiden Rückteile. Die beiden Seitennähte mit 1 cm Abstand vom Rand steppen. Jetzt sind es vier Stofflagen, durch die genäht wird.

5

Wenden Sie den Rock auf die rechte Seite. Schieben Sie dazu Ihre Hand in den Rock zwischen das Vorderteil und ein Rückteil. Nehmen Sie das Vorderteil und ziehen Sie es nach außen.

6

Stecken Sie den Taillenbund an den schmalen Seiten Kante auf Kante und rechts auf rechts zusammen. Bei 1 cm Nahtbreite steppen und bügeln.

7

Den Taillenbund der Länge nach auf die Hälfte falten, links auf links.

Stecken Sie den Rock mit dem Bund Kante auf Kante und rechts auf rechts zusammen. Bei 1 cm Nahtbreite absteppen und eine 5 cm große Öffnung lassen, in die das Gummiband gezogen werden kann.

8

Ziehen Sie das Gummiband mithilfe einer Sicherheitsnadel ein. Achten Sie hierbei darauf, dass das Gummiband sich nicht verdreht.

Steppen Sie die beiden Gummibandenden zusammen, indem Sie sie flach übereinanderlegen. Schließen Sie die Öffnung.

GANZ WIE ES IHNEN GEFÄLLT!

Für einen einfachen Minirock aus Jersey ersetzen Sie die Schnittmustervorderteile durch die der Rückteile, die Sie dann viermal auf Stoffbruch zuschneiden.

NOVEMBER

MANTEL

SEITE 110 BIS 115

STRICKKLEID

SEITE 116 BIS 119

MANTEL

Bei diesem Übergangsmantel lernen Sie, wie man ein Kleidungsstück füttert.

MATERIAL

- *2,50 m Stoff, 1,40 m breit*
- *1,50 m Futterstoff, 1,40 m breit*
- *5 beziehbare Knöpfe, 19 mm breit*
- *aufbügelbare Einlage (Vlieseline)*

VERWENDETE NÄHTECHNIKEN

Abnäher nähen, Seite 139 f.
Knöpfe mit Stoff beziehen, Seite 143
Einen Ärmel einsetzen, Seite 145

DEN STOFF ZUSCHNEIDEN

In Pink und Hellgrau gezeichnetes Schnittmuster / Schnittbogen C
Der Stoff ist doppelt gelegt (siehe »Das Nähprojekt vorbereiten«, Seite 135).

	SCHNITTTEIL	HÄUFIGKEIT	NAHTZUGABE
AUSSENSTOFF	Vorderteil A	2-mal	1 cm rundherum
	Vorderteil B	2-mal	1 cm rundherum
	Rückenteil A	1-mal im Stoffbruch	1 cm rundherum bis auf den Stoffbruch
	Rückenteil B	2-mal	1 cm rundherum
	Ärmel	2-mal	1 cm rundherum
	Tasche	2-mal ◆ Höhe 16 cm ◆ Breite 14 cm	Nahtzugaben enthalten
	Vorderer Ausschnittbeleg	2-mal mit Beleg	1 cm rundherum
	Hinterer Ausschnittbeleg	1-mal im Stoffbruch; zu verstärken	1 cm rundherum bis auf den Stoffbruch
	Unterer Vorderteilbeleg	2-mal	1 cm rundherum
	Unterer Rückenteilbeleg	1-mal im Stoffbruch	1 cm rundherum bis auf den Stoffbruch
	Ärmelbündchen	2-mal	1 cm rundherum
FUTTERSTOFF	Vorderteil	2-mal	1 cm rundherum bis auf unten
	Rückenteil	1-mal im Stoffbruch	1 cm rundherum bis auf unten und den Stoffbruch
	Ärmel	2-mal	1 cm rundherum bis auf unten
	Tasche	2-mal ◆ Höhe 14 cm ◆ Breite 14 cm	Nahtzugaben enthalten

ZUSCHNEIDEPLAN AUSSENSTOFF

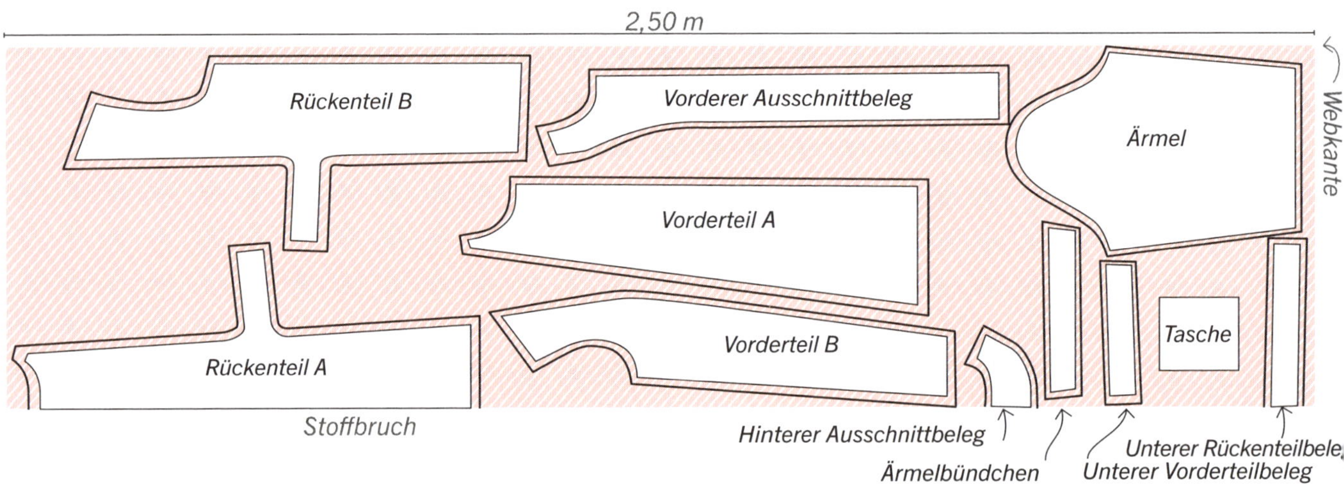

FUTTERSTOFF

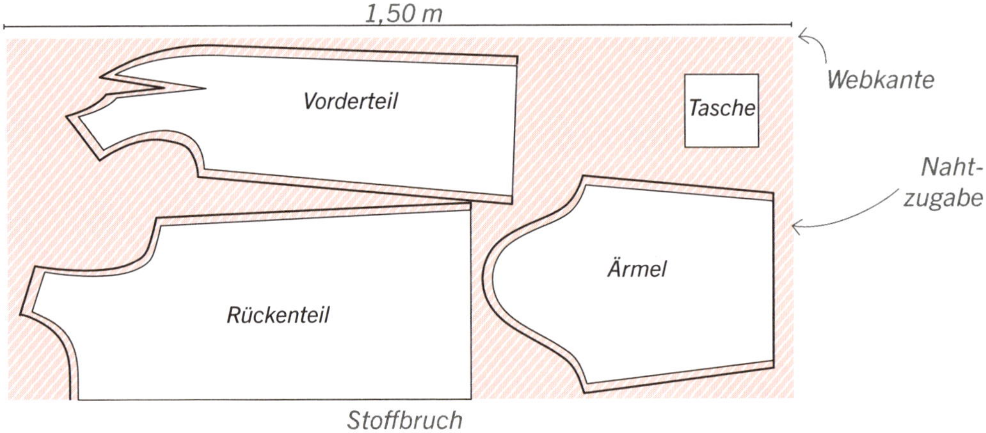

Stecken Sie jeweils das Vorderteil A und das Vorderteil B Kante auf Kante und rechts auf rechts zusammen. Bei 1 cm Nahtbreite steppen und die Nahtzugaben auseinanderbügeln.

Stecken Sie die Rückenteile B mit den Rückenteilen A zusammen. Bei 1 cm Nahtbreite steppen und dabei die Gürtelteile umrunden.

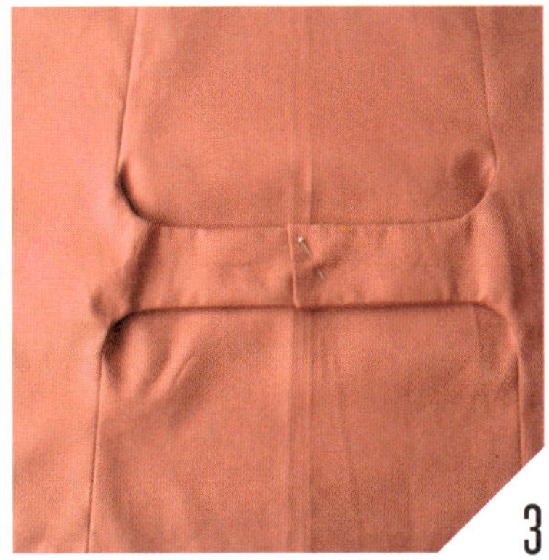

Die Ecken des Gürtelteils abschneiden und in den Rundungen die Nahtzugaben einschneiden. Nahtzugaben auseinanderbügeln und auf rechts wenden. Die Ecken der Gürtelteile ausformen und bügeln.

Stecken Sie das Rückenteil und die Vorderteile an den Seiten und den Schultern Kante auf Kante und rechts auf rechts zusammen. Die Nähte des Vorderteils und des Rückenteils müssen an den Schultern genau aufeinanderliegen. Bei 1 cm Nahtbreite steppen und die Nahtzugaben auseinanderbügeln.

Nun eine Tasche des Außenstoffes mit dem Futter an der kurzen Seite (14 cm lang) Kante auf Kante und rechts auf rechts zusammenstecken. Der Außenstoff steht oben etwas über. Nach innen umschlagen. Dann die Tasche und ihr Futter rechts auf rechts an allen 4 Seiten in 1 cm Abstand vom Rand zusammensteppen. Unten an der Tasche eine Öffnung lassen. Die Nahtzugaben zum Futter hin bügeln.

Die Ecken abschneiden, die Tasche durch die Öffnung auf rechts drehen und die Ecken ausformen. Bügeln. Die Tasche nach den Markierungen auf dem Schnittbogen auf dem Vorderteil feststecken. Die Tasche ist nach der Vordernaht ausgerichtet. An drei Seiten knappkantig steppen. Die Naht am Anfang und Ende mit Rückstichen sichern. Mit der zweiten Tasche genauso verfahren.

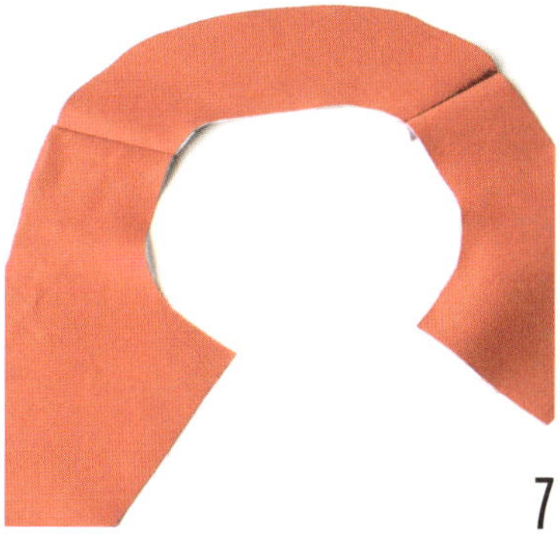

7

Die vorderen und hinteren Halsausschnittbelege verstärken.

Stecken Sie den hinteren Halsausschnittbeleg mit den vorderen Halsausschnittbelegen Kante auf Kante und rechts auf rechts an den Schultern zusammen. Bei 1 cm Nahtbreite steppen und die Nahtzugaben auseinanderbügeln.

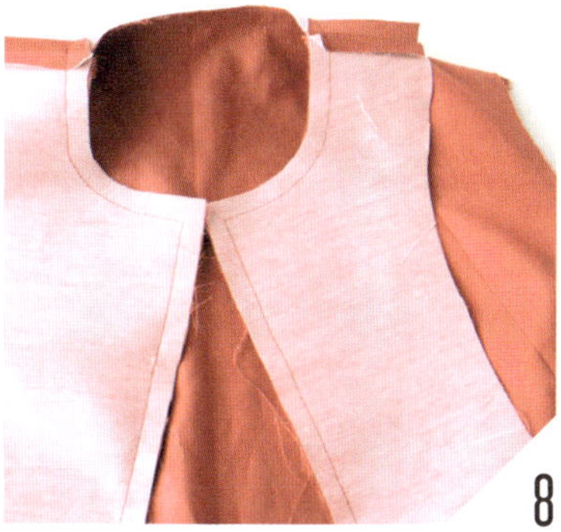

8

Stecken Sie die Halsausschnittbelege Kante auf Kante und rechts auf rechts mit dem Mantel zusammen. Die Seitennähte müssen genau aufeinandertreffen. In 1 cm Abstand von der Kante entlang der Mitte der Vorderteile und des Halsausschnitts steppen.

9

Die Seitennaht des Halsausschnitts auf rechts erneut schmalkantig absteppen und dabei die Nahtzugaben in die Naht nehmen. Bei diesem Absteppen dreimal nähen: zweimal je an den vorderen Mitten, einmal am Halsausschnitt.

10

Schließen Sie die Ärmel und die Ärmelbündchen.

Legen Sie den Ärmel auf rechts und den Beleg auf links und schieben Sie den Beleg über den unteren Ärmel. In 1 cm Abstand von der Kante steppen, auf rechts drehen und die Seitennaht des Belegs knappkantig absteppen, dabei die Nahtzugaben in die Naht nehmen.

Setzen Sie die Ärmel ein.
Siehe »Einen Ärmel einsetzen«, Seite 145.

11

Stecken Sie die unteren Vorder- und Rückenteilbelege an den kurzen Seiten Kante auf Kante und rechts auf rechts zusammen. Bei 1 cm Nahtbreite steppen und die Nahtzugaben auseinanderbügeln.

12

Stecken Sie die unteren Vorderteilbelege mit den vorderen Halsausschnittbelegen Kante auf Kante und rechts auf rechts zusammen. Über 3 cm vom unteren Rand aus bei 1 cm Nahtbreite steppen.

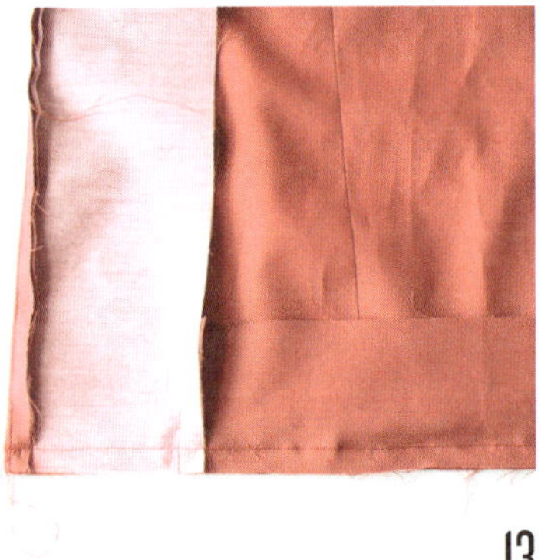

13

Steppen Sie nun am unteren Rand des Mantels bei 1 cm Nahtbreite. Achten Sie darauf, dass die Seitennähte des Mantels und der unteren Belege genau aufeinanderliegen.

14

Jetzt werden Sie das Futter des Mantels zusammensetzen.

Nähen Sie die Abnäher in die Vorderteile. **Siehe »Abnäher nähen«, Seite 140.** Verbinden Sie die Vorder- und die Rückenteile an den Schultern und an den Seiten. Legen Sie die Falte in der rückwärtigen Mitte, und steppen Sie in 0,5 cm Abstand von der Kante, damit sie nicht verrutscht. Sie verleiht Ihrem Mantel Bewegungsfreiheit.

15

Schließen Sie die Ärmel des Futters, und lassen Sie in der Mitte jedes Ärmels etwa 10 cm offen. Setzen Sie die Ärmel ein.

16

Mit der rechten Mantelseite und der linken Futterseite ziehen Sie den Mantel über die Ärmel in das Futter.

17

Stecken Sie den unteren Futterrand mit dem unteren Beleg Kante an Kante und rechts auf rechts zusammen. Die Seitennähte müssen genau aufeinandertreffen. Bei 1 cm Nahtbreite steppen.

18

Ziehen Sie dann die Belege am Halsausschnitt heraus und stecken Sie sie rechts auf rechts mit dem Futter zusammen. Die Schulternähte müssen genau aufeinandertreffen.

GANZ WIE ES IHNEN GEFÄLLT!

Für eine eher winterliche Version des Mantels nehmen Sie einen Wollstoff und ein antistatisches Futter, damit der Mantel besser und glatter fällt, wenn Sie ihn auf Wollkleidung tragen.

19

Legen Sie das Futter zwischen dem Halsausschnittbeleg und dem unteren Vorderteilbeleg um. Steppen Sie bei 1 cm Nahtbreite in der Verlängerung der 3 cm langen Naht, die in Schritt 12 genäht wurde.

20

Bevor Sie den Mantel auf rechts drehen, heften Sie mit ein paar Stichen von Hand die Nahtzugaben des Mantels mit denen des unteren Belegs links auf links zusammen. Drehen Sie den Mantel wieder auf rechts, indem Sie ihn vorsichtig durch eine der Ärmelöffnungen ziehen.

21

Nun befestigen Sie das Futter an den Ärmeln. Mit der Hand durch die Ärmelöffnung zwischen Stoff und Futter greifen.

22

Halten Sie die Seitennaht des Ärmelfutters gegen die des Ärmelmantels, Kante auf Kante und rechts auf rechts. Ziehen Sie Ihre Hand durch die Öffnung des Futterärmels heraus, halten Sie dabei aber die unteren Ärmelkanten gut fest.

23

Steppen Sie in 1 cm Abstand rund um die untere Ärmelkante. Drehen Sie den Ärmel auf rechts. Schließen Sie die Öffnung in dem Ärmelfutter mit ein paar Stichen von Hand. Nähen Sie außerdem den Beleg im Ärmel von Hand locker an.

24

Beziehen Sie die Knöpfe mit dem Mantelstoff. **Siehe »Knöpfe mit Stoff beziehen«, Seite 143.**

Steppen Sie die Knopflöcher gemäß den Markierungen auf dem Schnittbogen und nähen Sie gegenüber die Knöpfe mit der Hand an.

STRICKKLEID

Wolljersey gegen die ersten Anzeichen des Winters …
Hier ist wieder das T-Shirt für März in einer Kleidervariante, die dank der Samtbänder sehr elegant wirkt.

MATERIAL

- *2 m Jersey, 1,40 m breit, mit mindestens 30 % Elastizität*
- *4 Samtbänder, 30 cm lang und 1 cm breit*

VERWENDETE NÄHTECHNIK

Jersey nähen, Seite 149

DEN STOFF ZUSCHNEIDEN

In Pink gezeichnetes Schnittmuster / Schnittbogen B
Der Stoff ist doppelt gelegt (siehe »Das Nähprojekt vorbereiten«, Seite 135).

SCHNITTTEIL	HÄUFIGKEIT	NAHTZUGABE
Vorderteil	1-mal im Stoffbruch	1 cm rundherum bis auf den Stoffbruch 2 cm für den Saum
Rückenteil	1-mal im Stoffbruch	1 cm rundherum bis auf den Stoffbruch 2 cm für den Saum
Ärmel	2-mal	1 cm rundherum 2 cm für den Saum
Einfassstreifen	1-mal im Stoffbruch	1 cm rundherum bis auf den Stoffbruch

ZUSCHNEIDEPLAN

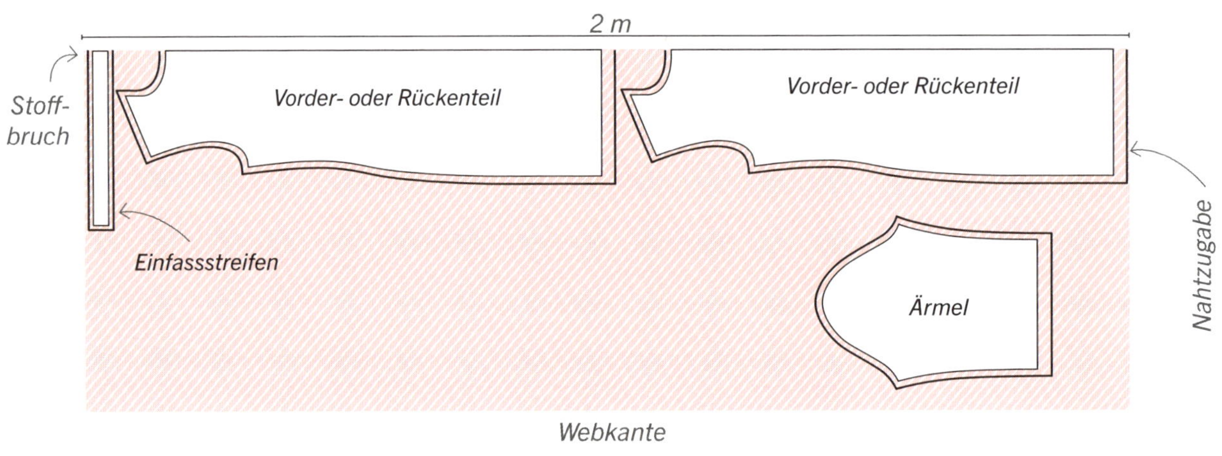

1

An jedem Ärmel ein Bandende innen sowie eines außen gemäß den Schnittmustermarkierungen feststecken.

2

Stecken Sie das Vorderteil und das Rückenteil Kante auf Kante und rechts auf rechts an den Schultern zusammen. Bügeln.

Beim Ärmeleinsetzen liegen die mittleren Markierungszeichen aufeinander. Alles bei 1 cm Nahtbreite mit Geradstich steppen, versäubern und bügeln.

3

Die Ärmel schließen und das Vorder- und das Rückenteil an den Seiten zusammennähen. Die Nähte der Armausschnitte müssen genau aufeinanderpassen.

4

Den Einfassstreifen für den Halsausschnitt an den Schmalseiten rechts auf rechts schließen. Bei 1 cm Nahtbreite mit Geradstich steppen und die Nahtzugaben auseinanderbügeln.

Den Einfassstreifen der Länge nach links auf links falten.

Befestigen Sie den Einfassstreifen an der Halsausschnittkante, wobei die Schulternähte auf den Markierungszeichen liegen. Die Naht des Einfassstreifens liegt in der Mitte des Rückens. Mit Geradstich nähen und dabei den Stoff leicht dehnen.

5

6

Steppen Sie auf der rechten Seite erneut schmalkantig am Einfassstreifen entlang, damit die Nahtzugaben nach unten gedrückt werden. Bügeln.

7

8

Steppen Sie die Säume des Kleides und der Ärmel 2 cm breit mit einer Zwillingsnadel ab **(wie man mit einer Zwilllingsnadel näht: siehe »Jersey nähen«, Seite 149)**.

GANZ WIE ES IHNEN GEFÄLLT!

Schneiden Sie den Halsausschnitt im Rückenteil ebenso tief aus wie im Vorderteil und fügen Sie auf dem Rücken eine Samtschleife hinzu. Vergessen Sie nicht, die Länge des Einfassstreifens entsprechend zu ändern.

DEZEMBER

ABENDKLEID

SEITE 122 BIS 125

ABENDTASCHE

SEITE 126 BIS 129

ABENDKLEID

Mit diesem rückenfreien Kleid ziehen Sie auf Festen die Blicke auf sich.

MATERIAL

- *1,70 m feinen Stoff, z. B. Polyester-Krepp, 1,40 m breit*
- *1 unsichtbarer Reißverschluss, 22 cm lang*
- *2 Knöpfe, 15 mm breit*

VERWENDETE NÄHTECHNIKEN

Einen geraden Saum nähen, Seite 138
Abnäher nähen, Seite 139 f.
Einen Reißverschluss verdeckt einnähen, Seite 144

DEN STOFF ZUSCHNEIDEN

In Hellgrau gezeichnetes Schnittmuster / Schnittbogen D
Der Stoff ist doppelt gelegt (siehe »Das Nähprojekt vorbereiten«, Seite 135).

SCHNITTTEIL	HÄUFIGKEIT	NAHTZUGABE
Vorderteil	2-mal im Stoffbruch	1 cm rundherum bis auf den Stoffbruch
Rückenteil	4-mal	1 cm rundherum
Vorderrock	1-mal im Stoffbruch	1 cm rundherum bis auf den Stoffbruch 3 cm für den Saum
Hinterrock	2-mal	1 cm rundherum 3 cm für den Saum
Vorderer Bund	2-mal im Stoffbruch	1 cm rundherum bis auf den Stoffbruch
Hinterer Bund	4-mal	1 cm rundherum

ZUSCHNEIDEPLAN

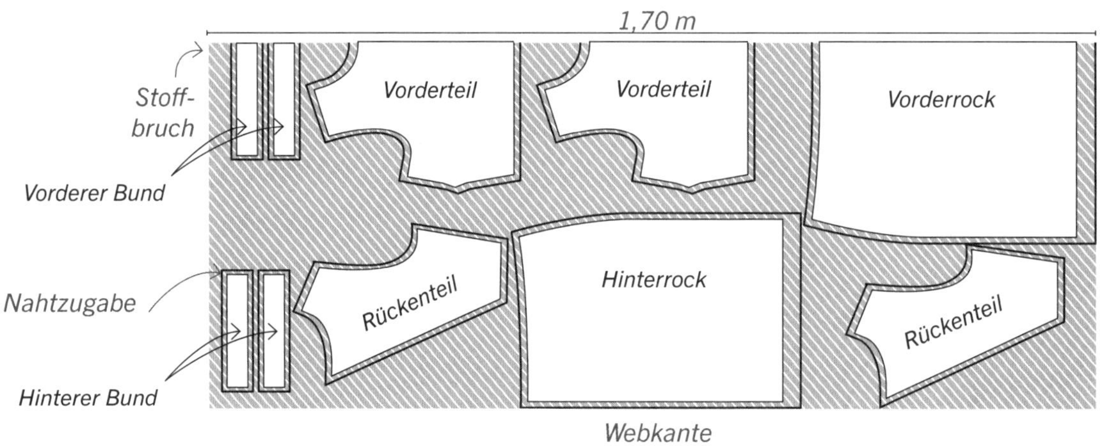

Wir verwenden hier einen fließenden und feinen Stoff.
Auf Seite 150 finden Sie dazu nützliche Tipps.

1

Steppen Sie die Brustabnäher an den Vorderteilen, also acht Abnäher.
Siehe »Abnäher nähen«, Seite 140.

2

Stecken Sie ein Vorderteil und zwei Rückenteile an den Schultern zusammen. Wiederholen Sie diesen Vorgang mit den anderen Vorder- und Rückenteilen, die als Futter dienen. Stecken Sie das Oberteil rechts auf rechts mit seinem Futter zusammen. Bei 1 cm Nahtbreite am Halsausschnitt, der sich im dreieckigen Rückenausschnitt fortsetzt, und entlang der Armausschnitte steppen.

Schneiden Sie die Nahtzugaben an den Rundungen ein und wenden Sie die Näharbeit auf rechts. Schieben Sie dazu Ihre Hand zwischen das Vorderteil und sein Futter und ziehen Sie auf jeder Seite das Rückenteil an den Schultern durch. Nähen Sie das Vorder- und das Rückenteil an den Seiten zusammen.

3

Stecken Sie den vorderen Bund mit den hinteren Bundteilen an den Schmalseiten zusammen. Bei 1 cm Nahtbreite steppen und die Nähte auseinanderbügeln. Wiederholen Sie diesen Vorgang ein zweites Mal mit den Bundteilen des Futters.

Stecken Sie das Oberteil des Kleides zwischen die beiden Bundteile. Die Seitennähte müssen übereinanderliegen. Schlagen Sie den unteren Rand 1 cm breit nach links um.

Steppen Sie bei 1 cm Nahtbreite auf dem Bund und beginnen und beenden Sie Ihre Naht an der schmalen Seite an jedem Ende des Bundes.

Schneiden Sie die Enden ab und bügeln Sie die Bundteile nach unten. Steppen Sie anschließend auf der rechten Seite schmalkantig ab.

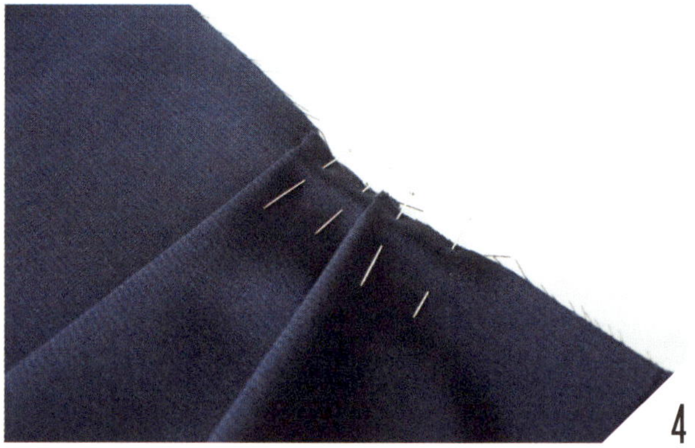

4

Stecken Sie die Falten des Vorderrocks und der Hinterrockteile gemäß den Markierungen auf dem Schnittbogen fest.

5

Stecken Sie den Vorderrock und die Hinterrockteile rechts auf rechts an den Seiten zusammen. Bei 1 cm Nahtbreite steppen, versäubern und bügeln.

Versäubern Sie die Mittelnähte des Rockrückenteils. Nähen Sie den Reißverschluss unsichtbar ein. Das Plastikende befindet sich 1 cm von der oberen Rockkante entfernt.
Siehe »Einen Reißverschluss verdeckt einnähen«, Seite 144.

Schließen Sie die Mitte des hinteren Rocks unter dem Reißverschluss mithilfe des Spezialfußes für Reißverschlüsse Ihrer Nähmaschine.

6

Verbinden Sie den Rock mit dem äußeren Bund rechts auf rechts.

Die Seitennähte müssen aufeinanderliegen. Bei 1 cm Nahtbreite steppen. Achtung: Der Futterbund darf nicht mit dieser Naht erfasst werden.

7

Steppen Sie auf der rechten Seite ringsum schmalkantig ab, um Bund und Futter miteinander zu verbinden. Die Nahtzugaben des Rocks werden in dieser Naht miterfasst, damit sie im Bund verschwinden.

GANZ WIE ES IHNEN GEFÄLLT!

Machen Sie aus diesem Kleid einen Rock, indem Sie nur die Schnittteile des Rocks und des Bunds nähen.

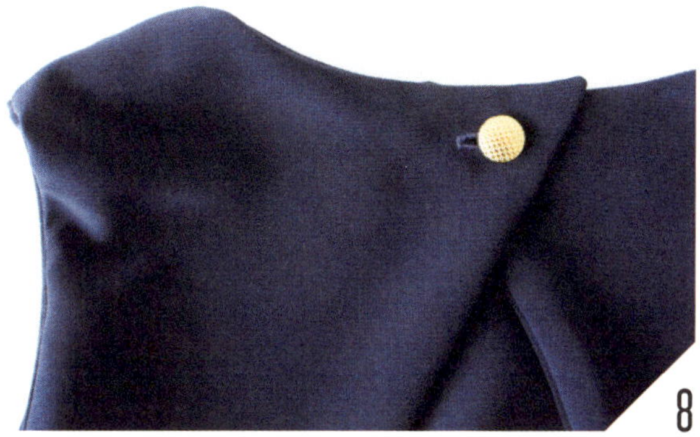

8

Am oberen Rücken ein Knopfloch an der auf dem Schnittbogen dafür vorgesehenen Stelle nähen. Den Knopf gegenüber mit der Hand annähen.

Ebenso auf dem Bund in der Mitte des Rückenteils vorgehen.

Den Saum 3 cm breit absteppen.
Siehe »Einen geraden Saum nähen«, Seite 138.

ABENDTASCHE

Um Ihr abendliches Outfit durch ein Accessoire zu vervollständigen, schlage ich Ihnen eine kleine Tasche mit Goldverschluss im Clutch-Stil vor. Ihr Futter ist mit seinem geblümten Liberty-Muster beim Öffnen der Tasche eine hübsche Überraschung.

MATERIAL

- *30 cm einfarbiger Baumwoll-Twill, 1,40 m breit, für die Außenseite*
- *50 cm bedruckter Baumwollstoff, 1,40 m breit, für die Innenseite (30 cm, wenn Ihr Futter einfarbig ist)*
- *30 cm Vlies, 1,40 m breit*
- *1 Taschenverschluss, 25 mm breit*

DEN STOFF ZUSCHNEIDEN

In Pink gezeichnetes Schnittmuster / Schnittbogen B

SCHNITTTEIL	HÄUFIGKEIT	NAHTZUGABE
Außenseite	1-mal	1 cm rundherum
Futter	1-mal	1 cm rundherum
Vlies	1-mal	1 cm rundherum

1

Bügeln Sie am unteren Rand des Außenstoffes und des Futterstoffes 1 cm nach links um.

Schlagen Sie beide Stoffe, rechts auf rechts, gemäß der Schnittbogenmarkierung um.

2

Schieben Sie das Vlies unter die 1 cm breite Falte des Außenstoffes. Schlagen Sie ihn unter den Stoff um und stecken Sie ihn fest.

3

Legen Sie den Außenstoff und das Futter rechts auf rechts aufeinander. Die beiden 1 cm breiten Falten liegen sich nun gegenüber.

4

Steppen Sie an drei Seiten und schneiden Sie die überstehenden Ränder möglichst dicht an ihrer Naht entlang ab.

5

Wenden Sie die Tasche auf rechts, indem Sie Ihre Hand zwischen das Futter und das Vlies schieben und die Stoffteile herausziehen.

6

Der Umschlag ist auf der rechten Seite. Wenden Sie nun den Rest der Tasche nach rechts.

7

Nähen Sie in 2 mm Abstand von der Kante den Außenstoff, das Vlies und das Futter zusammen. Verwenden Sie für diese Naht den freien Freiarm Ihrer Maschine.

8

Befestigen Sie den Taschenverschluss nach den Markierungspunkten auf dem Schnittbogen.

GANZ WIE ES IHNEN GEFÄLLT!

Druckknopf, Band und Knopf sind nur einige der zahlreichen Möglichkeiten, Ihre Tasche zu verschließen. Sehen Sie sich in Ihrem Kurzwarengeschäft nach weiteren Varianten um.

NÄH-
TECHNIKEN

ALLGEMEINE HINWEISE

SCHNITTMUSTER

Für jedes Modell gibt es mehrere Schnittmuster, die abzupausen sind und nach denen Sie Ihren Stoff zuschneiden. Die Schnitte liegen in sechs Größen (34 bis 44) vor.

Manche Schnittteile sind halbe Schnittmuster, Sie müssen sie also mit gefaltetem Stoff zuschneiden und einen Rand des Schnittmusters an den Stoffbruch anlegen. Die Position des Stoffbruchs ist immer auf den entsprechenden Schnittmustern angegeben.

MASSNEHMEN

Die unten stehende Größentabelle gibt die Maße für jede Größe an. Wenn Sie zwischen zwei Größen liegen, nehmen Sie die größere, da die Modelle im Buch klein ausfallen. Dann ist es für Sie ein Leichtes, das genähte Kleidungsstück anzupassen.

	OBERWEITE	TAILLENWEITE	HÜFTWEITE	LINIE
34	80	62	86	··—··—·
36	84	66	90	....
38	88	70	94	------
40	92	74	98	— — —
42	96	78	102	—— ——
44	100	82	106	————

DEN SCHNITT KOPIEREN

Pausen Sie mithilfe Ihrer Papierrolle alle Muster des Schnittbogens ab. Übertragen Sie alle Angaben, die Sie auf den einzelnen Schnittteilen finden: den Namen des Schnittteils, den Stoffbruch, die Markierungspunkte für das Einsetzen der Ärmel, die Abnäher, den Fadenlauf, die Markierungen für den Tascheneingriff ...

NAHTZUGABE

Die Schnitte in diesem Buch sind ohne Nahtzugabe gezeichnet. Sie müssen beim Zuschneiden für Nähte (mit Ausnahme der Seiten, die auf dem Stoffbruch verlaufen) 1 cm und für Säume 3 cm Stoff zugeben. Sie finden in den Angaben zu den Modellen zudem eine Tabelle mit den verschiedenen Nahtzugaben.

Sie können die Nahtzugaben vor dem Zuschneiden entweder auf dem Papier oder, nachdem der Schnitt auf dem Stoff festgesteckt ist, mithilfe von Schneiderkreide direkt auf den Stoff einzeichnen.

STOFFBREITE

Für jedes Modell ist die Stoffmenge, die Sie brauchen, angegeben. Die Modelle sind für eine Stoffbreite von 1,40 m gedacht, was der handelsüblichen Breite von Kleiderstoffen entspricht. Wenn Sie einen Stoff mit einer kleineren oder größeren Breite nehmen, müssen Sie sich nach dem Schnittplan richten und jedes Schnittteil mit den Nahtzugaben an Ihre Stoffgröße anpassen.

DEN FADENLAUF ODER DEN SCHRÄGSCHNITT BEACHTEN

Auf den Schnittbögen ist der Fadenlauf mit einem Pfeil angegeben. Der Fadenlauf verläuft parallel zur Webkante bzw. zum Stoffbruch. Im Gegensatz zum Fadenlauf wird beim Schrägschnitt schräg zur Webrichtung geschnitten. Dann ist der Stoff elastischer.

Achten Sie beim Zuschneiden auf den Fadenlauf, damit Ihr Kleidungsstück gut fällt.

EINE NÄHMASCHINE AUSSUCHEN

Der Kauf der ersten Nähmaschine kann sich ganz schön kompliziert gestalten, denn das Angebot ist groß und die Preise sind sehr unterschiedlich. Hier ein paar Tipps, die Ihnen bei der Anschaffung Ihrer Nähmaschine helfen können.

MECHANISCH ODER ELEKTRONISCH

Sie können zwischen zwei Maschinentypen wählen: den mechanischen und elektronischen. Im Unterschied zu den mechanischen sind die elektronischen mit einem kleinen Computer ausgestattet, der ihren Gebrauch vereinfacht. Sie sind also sehr praktisch, allerdings auch nicht preiswert.

EINFÄDELHILFE FÜR DEN FADEN

Achten Sie auf die Technik der Einfädelhilfe. Wenn Sie sich beim Versuch, mit dem Faden das Nadelöhr zu treffen, nicht die Haare raufen wollen, nehmen Sie eine Nähmaschine mit einer Einfädelhilfe.

EINSTELLUNG DER HÖCHSTGESCHWINDIGKEIT

Elektronische Nähmaschinen verfügen über einen Knopf zur Geschwindigkeitssteuerung. Wenn Sie auf das Fußpedal treten, näht die Maschine langsam, nachdem Sie zuvor den Knopf auf langsam gestellt haben. Diese Stellung ist sehr hilfreich, um sich mit der Nähmaschine vertraut zu machen, aber auch eine große Hilfe beim Herstellen exakter Nähte.

TIPP!

Heben Sie die Gebrauchsanleitung für Ihre Maschine sorgfältig auf, damit Sie jederzeit darin nachlesen können.

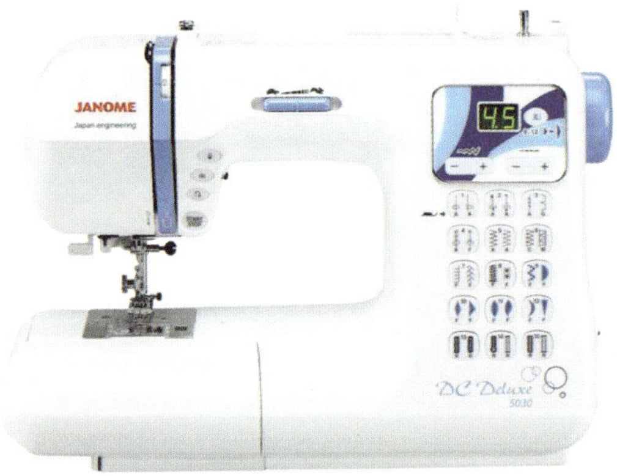

KNOPFLÖCHER

Nehmen Sie eine Nähmaschine mit kompletter Knopflochautomatik statt einer vierstufigen. Diese Funktion ist besonders hilfreich, wenn Sie ein Hemd mit vielen Knopflöchern nähen wollen.

NÄHFÜSSE

Sie müssen noch weitere Nähfüße kaufen, damit Sie die Funktionen Ihrer Nähmaschine voll nutzen können, so z. B. einen Nähfuß für nahtverdeckte Reißverschlüsse und einen verstellbaren Paspelfuß. Bei den großen Nähmaschinenherstellern finden Sie leichter eine breite Auswahl.

FREIARM

Mit einem Freiarm können Sie Säume nähen, indem Sie Ihre Näharbeit um die Nähmaschine ziehen. Er sollte nicht zu groß sein.

GEWICHT

Denken Sie über Ihre Nähecke nach. Müssen Sie jedes Mal, wenn Sie nähen wollen, alle Ihre Sachen hervorholen und wegräumen, entscheiden Sie sich für eine leichte Nähmaschine. Dagegen wäre eine schwere Nähmaschine standfester, insbesondere wenn Sie mit hoher Geschwindigkeit nähen.

PREIS

Es gibt Nähmaschinen für jedes Budget. Überlegen Sie, zu welchem Zweck Sie sich die Maschine zulegen und wie viel Geld Sie ausgeben wollen, und treffen Sie danach Ihre Entscheidung.

Bedenken Sie schließlich auch, dass Sie beim Nähen rasch Fortschritte machen werden. Entscheiden Sie sich also für eine auf lange Sicht praktische Anschaffung!

MATERIAL

Bevor Sie mit dem Nähen beginnen, brauchen Sie außer Ihrer Nähmaschine auch einiges an Nähzubehör, das im Fachhandel erhältlich ist.

Bügeleisen

Nähen heißt auch bügeln! Bügeln Sie Ihre Näharbeit während des Nähens immer mal wieder, damit sie gut gelingt (siehe Seite 137).

Einlage

Mit einer Einlage zum Aufbügeln (Vlieseline) können Sie bestimmte Teile Ihrer Näharbeiten, wie einen Gürtel, einen Beleg oder einen Kragen, einen Hosenbund oder eine Knopfleiste, verstärken.

Handnähnadel

Sie finden in diesem Buch nur wenige Nähte, die von Hand genäht werden, aber man braucht diese Nadeln, um einen Knopf anzunähen oder eine Öffnung mit einem unsichtbaren Stich zu schließen.

Lineal und Winkelmaß

Holen Sie Ihre Geometriewerkzeuge hervor, damit Sie Ihre viereckigen oder rechteckigen Schnitte auf den Stoff übertragen können.

Maßband

Geschmeidig und 1,50 m lang – sieht um den Hals getragen sehr professionell aus und ist immer griffbereit!

Nähmaschinennadeln

Es gibt sie in mehreren Ausführungen und Größen und sie werden passend zu dem von Ihnen verwendeten Stoff ausgewählt (siehe Seite 136).

Papierrolle

Sie dient dazu, die Schnitte zu kopieren, und ist im Fachhandel oder im Kaufhaus erhältlich. Nehmen Sie ein feines Papier wie z. B. Seidenpapier, damit es transparent ist.

Paspelband/Einfassstreifen

Paspelband und Einfassstreifen sind im Fachhandel in zahlreichen Farben und Motiven erhältlich und werden oft benutzt, um die Näharbeit zu verschönern.

Pfeiltrenner

Mit dem Pfeiltrenner, meist mit Ihrer Maschine geliefert, können Sie Knopflöcher aufschneiden, Nähte auftrennen, aber auch Fehler korrigieren!

Saummaß

Handliches Messwerkzeug, mit dem Sie ein paar Zentimeter abmessen können, ohne gleich zum großen Maßband greifen zu müssen – z. B. für Säume oder Nahtzugaben.

Schneiderkreide

Mit Schneiderkreide können Sie die Angaben im Schnittbogen auf den Stoff übertragen, wie z. B. Schnittmarkierungen oder Abnäher, die nach dem Waschen verschwinden. Es gibt auch Schneiderkreidestifte, die ausgebügelt werden.

Schrägbandformer

Mit diesem Gerät können Sie Ihr Schrägband aus dem Stoff Ihrer Wahl selbst herstellen (siehe Seite 142).

Sicherheitsnadeln

Diese Nadelart eignet sich zum Einziehen eines Gummibands oder eines Bands in einen Tunnel.

Spezialschere für Stoff/Papier

Investieren Sie in eine gute Stoffschere und eine weitere zum Papierschneiden.

Spulen/Schiffchen

Mit einem Garn guter Qualität gelingt Ihnen immer eine schöne Naht, aber verschulden Sie sich deshalb nicht! Die Schiffchen werden im Allgemeinen mit Ihrer Nähmaschine geliefert.

Stecknadeln

Stecknadeln mit rundem und farbigem Kopf sind besser zu sehen und leichter zu handhaben. Für sehr feine Stoffe eignen sich auch sehr dünne Stecknadeln.

Wendehilfe

Dieses Werkzeug dient zum Wenden von Bändern (siehe Seite 147).

Zum Beziehen von Knöpfen

Wenn Sie Knöpfe haben wollen, die zu Ihrem Stoff passen, brauchen Sie bestimmte Werkzeuge (siehe Technik auf Seite 143).

nina
STAEDTLER
Mars 567 31-45F
plexiglas®
MADE IN GERMANY

DAS NÄHPROJEKT VORBEREITEN

DEN STOFF ZUSCHNEIDEN

Für das Zuschneiden muss der Stoff doppelt gelegt werden.

Um Ihren Stoff optimal zuzuschneiden, bieten sich die folgenden zwei Techniken an.

Doppelt legen: Die beiden Webkanten liegen Kante auf Kante und der Stoff liegt doppelt mit der rechten Stoffseite nach innen.

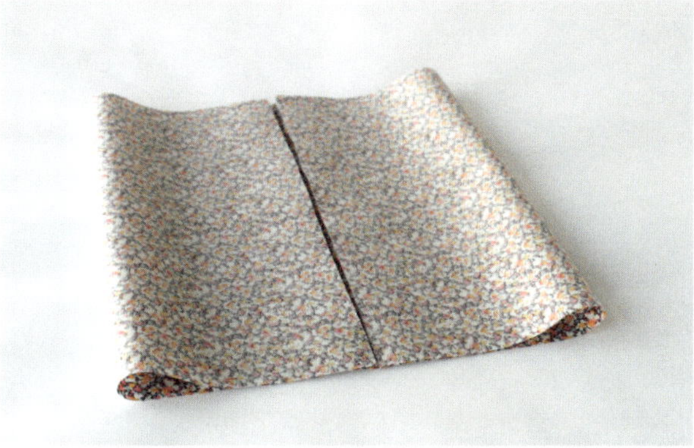

Mit zwei Stoffbrüchen legen: Die beiden Webkanten stoßen in der Mitte aneinander, die rechte Stoffseite liegt innen.

ZUSCHNEIDEPLÄNE

Jedes Nähprojekt enthält einen Zuschneideplan, der Ihnen zeigt, wie Sie Ihren Stoff zusammenlegen und wie Sie die einzelnen Schnittmuster darauf verteilen.

Für das Zuschneiden werden die kopierten Schnittmuster auf den Stoff gelegt und mit Stecknadeln durch beide Stofflagen befestigt. Wenn Sie Nahtzugaben auf dem Schnittmuster vorgesehen haben, schneiden Sie an diesen Rändern entlang. Seien Sie vorsichtig bei Rundschnitten und achten Sie darauf, dass die beiden Stofflagen exakt aufeinanderliegen, wenn Sie zuschneiden.

MIT STECKNADELN BEFESTIGEN

Stecken Sie alle Stoffteile, die Sie zusammennähen wollen, zusammen, bevor Sie mit der Nähmaschine nähen. Legen Sie die beiden Teile Kante auf Kante aufeinander. Stechen Sie für eine gerade Naht ungefähr alle 5 cm und für eine gerundete Naht alle 1 bis 2 cm eine Stecknadel ein. Stechen Sie die Nadeln senkrecht in den Stoffrand und achten Sie darauf, dass die Nadelköpfe dicht am Stoffrand liegen, damit sie beim Nähen leichter herauszuziehen sind.

MIT DER NÄHMASCHINE NÄHEN

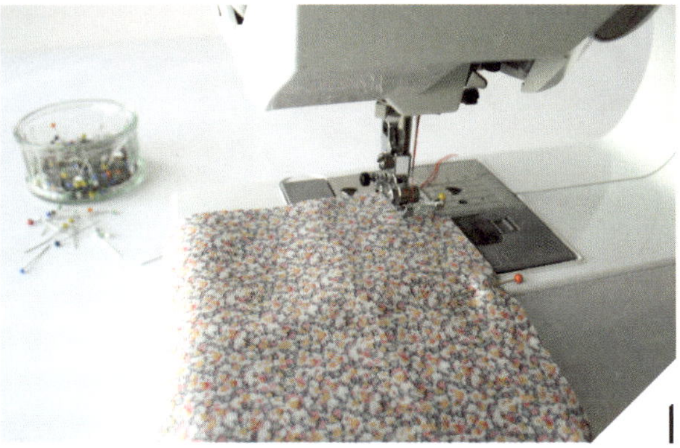

1

Legen Sie Ihren Stoff unter den Nähfuß und senken Sie diesen ab. Die Nadel der Maschine sollte 1 cm vom Stoffrand entfernt einstechen, damit die in Ihrem Schnittbogen vorgesehene Nahtzugabe berücksichtigt wird. Der Faden der Spule verläuft durch den Nähfuß und wird mit dem Faden des Schiffchens nach hinten gezogen.

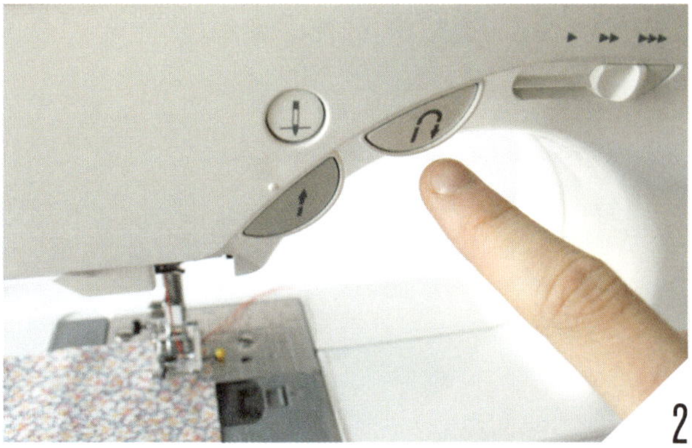

2

Beginnen Sie damit, drei oder vier Stiche rückwärts zu nähen (Rückwärtstaste). Der Stich wird damit gesichert und die Naht hält besser.

3

Nähen Sie mit einem Geradstich vorwärts. Blicken Sie während des Steppens nicht auf die Nadel, sondern orientieren Sie sich am Nähfuß oder an der Nähplatte, die parallel zu Ihrem Stoff verlaufen, damit die Nahtzugabe schön gleichmäßig bleibt. Schieben oder ziehen Sie den Stoff nicht nach hinten, denn das wird automatisch vom Transporteur der Nähmaschine erledigt. Sie brauchen ihn nur nach links oder nach rechts zu lenken.

4

Nähen Sie am Ende drei oder vier Stiche rückwärts, um Ihre Naht zu sichern. Sie sollten immer am Anfang und am Ende jeder Naht ein paar Stiche rückwärts nähen, um zu verhindern, dass sich die Naht wieder öffnet.

Schneiden Sie die Fäden bündig mit der Naht ab – und zwar am besten jedes Mal nach Beendigung eines Arbeitsschritts.

DIE STÄRKE UND DIE ART DER NADEL WÄHLEN

Für schöne Nähte müssen Sie eine für Ihren Stoff passende Nadel wählen. Es gibt mehrere Nadelstärken, die von 60 bis 120 reichen. Die Nadelstärke 60 eignet sich gut für sehr feine Stoffe, während die Nadelstärke 120 vor allem für dicke Stoffe und Arbeiten mit mehreren Stoffdicken genommen wird. Um die richtige Nadel für Ihren Stoff zu finden, nähen Sie probeweise auf ein paar Stoffresten, bevor Sie mit dem Nähen Ihres Projekts beginnen. Im Fachhandel finden Sie auch Spezialnadeln, wenn Sie Jersey oder Leder nähen wollen.

FEINARBEITEN

FRANZÖSISCHE NÄHTE NÄHEN

Französische Nähte sind vor allem für die Verarbeitung der Innenseite Ihrer Kleidungsstücke und insbesondere für gerade Nähte und leichte Stoffe geeignet.

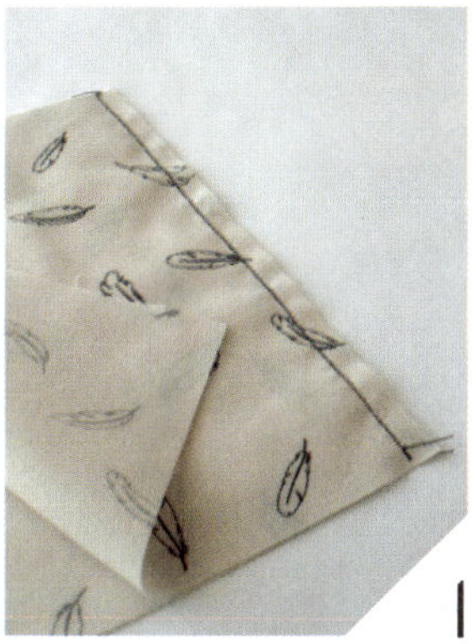

1

Legen Sie die beiden Stoffteile genau aufeinander, Kante auf Kante und links auf links. Steppen Sie mit Geradstich in 5 mm Abstand von der Schnittkante.

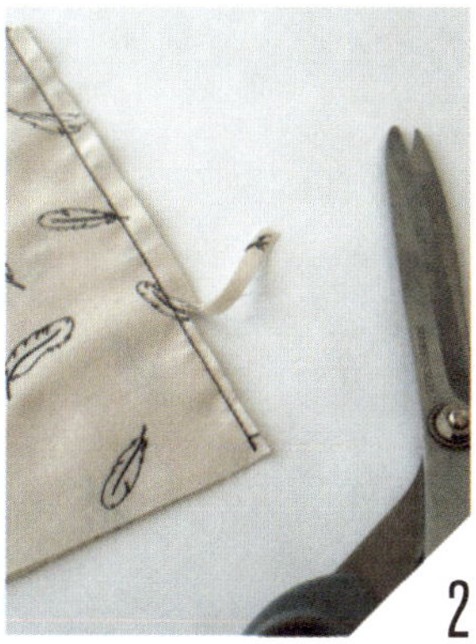

2

Schneiden Sie die Nahtzugaben bis auf 2 mm zurück.

3

Legen Sie die Stoffteile nun rechts auf rechts aufeinander und bügeln Sie den Stoff so, dass die Naht direkt auf der Bruchkante liegt.

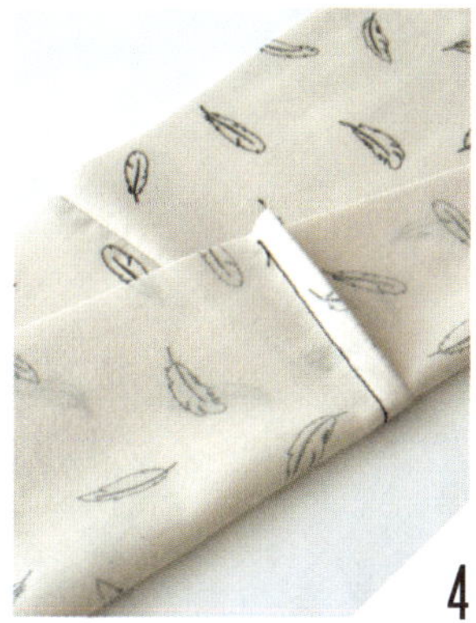

4

Mit Geradstich 5 mm von der Stoffkante entfernt steppen und bügeln.

VERSÄUBERN

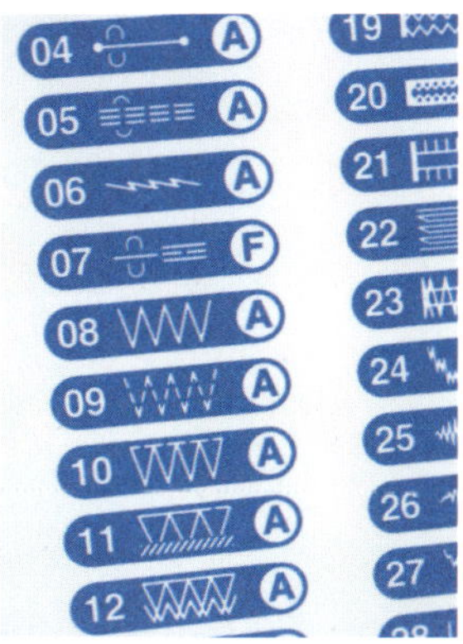

Um zu verhindern, dass die Schnittkanten nach dem Nähen ausfransen, müssen sie mit Zickzackstich (Punkt 8 auf dem Foto) genäht und damit gesichert werden.

BÜGELN

1

Auf der linken Stoffseite die Nahtzugaben auseinanderbügeln.

2

Im Falle von zwei zusammen versäuberten Kanten schlagen Sie die Nahtränder auf eine Seite um.

Greifen Sie nach jedem Arbeitsschritt zum Bügeleisen, dann sieht Ihre Näharbeit perfekt und professionell gefertigt aus.

EINEN SAUM NÄHEN

GERADER SAUM

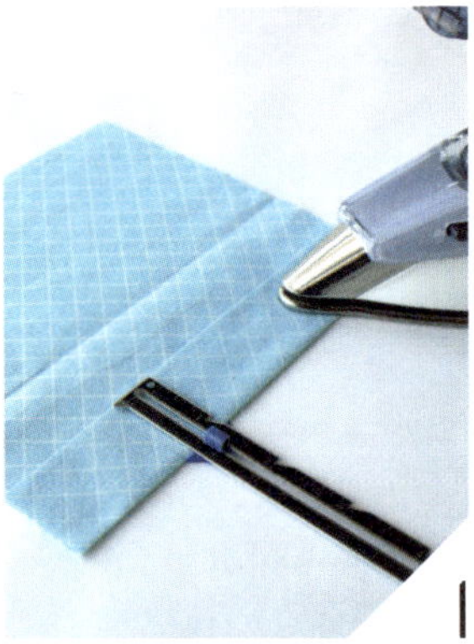

1

Markieren Sie auf der linken Stoffseite mithilfe eines Saummaßes einen Umschlag in 3 cm Abstand von der Stoffkante (wenn die vorgesehene Nahtzugabe 3 cm beträgt) und bügeln Sie ihn um.

2

Öffnen Sie den Umschlag, und legen Sie dann die Stoffkante auf den Umschlag. Schlagen Sie den Stoff nach innen um.

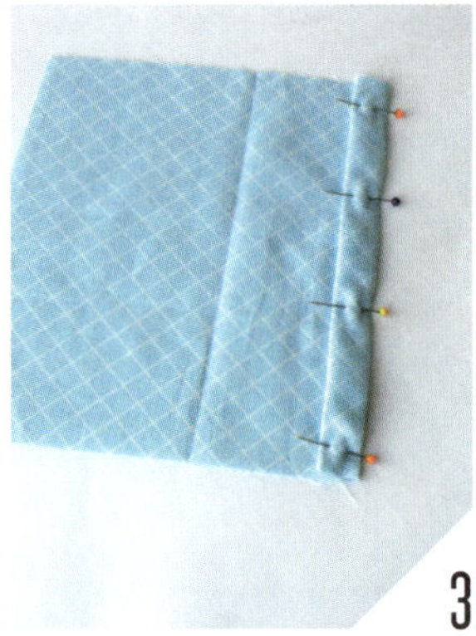

3

Stechen Sie alle 5 cm Stecknadeln ein. Stechen Sie die Stecknadeln parallel zur Stoffkante ein.

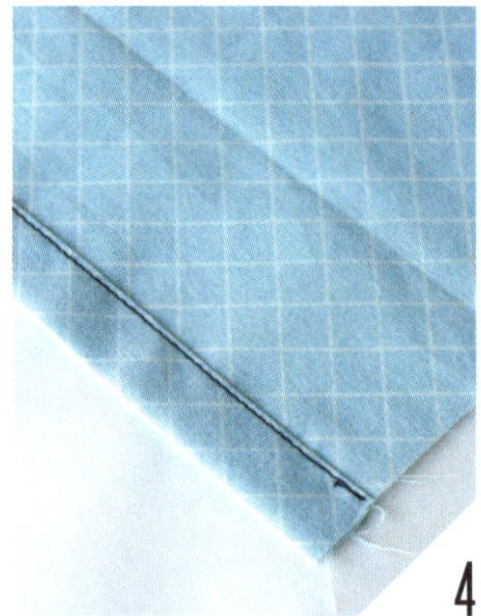

4

Steppen Sie mit Geradstich in etwa 1,3 cm Abstand von der Kante auf der linken Stoffseite. Sichern Sie die Nähte am Anfang und am Ende mit ein paar Rückstichen. Achten Sie darauf, dass Sie Ihre Naht an einer der Seiten Ihrer Näharbeit beginnen und nicht in der Mitte.

RUNDER SAUM

1

Steppen Sie in 1 cm Abstand von der Kante über die ganze Länge des Saums.

2

Bügeln Sie den Stoff auf dieser Naht nach innen.

3

Schneiden Sie die Nahtzugabe bis auf 3 mm gleichmäßig weg.

4

Schlagen Sie den Stoff 3 mm nach innen ein und steppen Sie ihn mit Geradstich gleichmäßig fest.

ABNÄHER NÄHEN

Abnäher formen den Stoff so, dass er sich dem Körper anpasst. Meist werden sie an der Brust oder an der Taille eingesetzt.

DIE ABNÄHER VOM SCHNITTBOGEN AUF DEN STOFF ÜBERTRAGEN

1

Abnäher sind meist symmetrisch gesetzt. Legen Sie die beiden Stoffteile rechts auf rechts aufeinander und befestigen Sie den Schnittbogen mit den eingezeichneten Abnähern mit Stecknadeln auf dem Stoff. Stechen Sie drei Stecknadeln durch beide Stoffteile, eine an der Abnäherspitze und zwei an der breitesten Stelle des Abnähers.

2

Wenden Sie die Näharbeit und markieren Sie die Lage der Stecknadeln mit Kreide.

3

Ziehen Sie die Stecknadeln heraus, und zeichnen Sie den Abnäher nach, indem Sie die drei Punkte verbinden.

4

Nehmen Sie den Schnittbogen weg und lassen Sie die beiden Stoffschichten rechts auf rechts liegen. Stecken Sie die Stecknadeln in die drei Abnäherspitzen, die Sie mit Kreide gezeichnet haben.

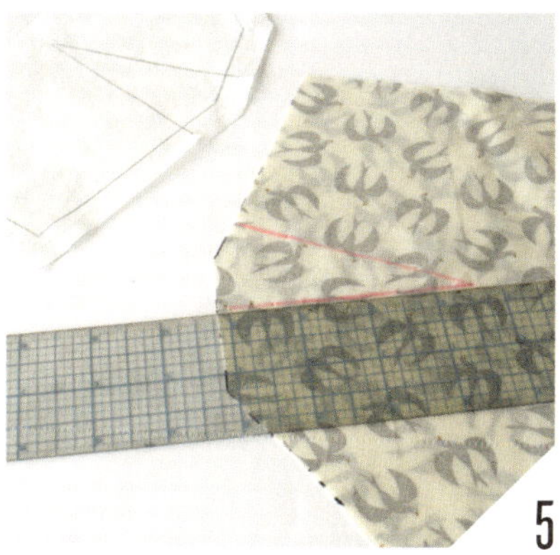

5

Zeichnen Sie den Abnäher der anderen Seite, indem Sie die Lage der Nadeln mit der Kreide übertragen und die Punkte miteinander verbinden.

6

Zeichnen Sie eine Mittellinie in jeden Abnäher.

ABNÄHER NÄHEN

Falten Sie den Abnäher entlang der Mittellinie. Befestigen Sie Stecknadeln auf dem Strich zu beiden Seiten des Abnähers.

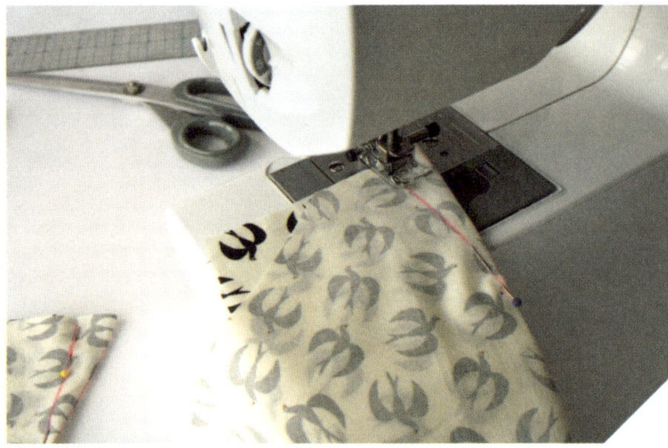

Steppen Sie von der breiten Seite des Abnähers nach innen. Sichern Sie den Nahtanfang mit ein paar Rückstichen und nähen Sie an der Abnäherspitze nicht zurück.

Verknoten Sie die Fadenenden an der Abnäherspitze miteinander. Der Knoten sollte dicht am Stoff liegen, aber nicht zu fest sein, damit sich der Stoff nicht verzieht.

Bügeln Sie Brustabnäher nach unten und Taillenabnäher zur Mitte hin.

EIN SCHRÄGBAND ANNÄHEN

SICHTBAR

1

Falten Sie das Schrägband auseinander.

2

Schieben Sie die Stoffkante in das Schrägband.

3

Schließen Sie das Schrägband und stecken Sie es fest.

4

Steppen Sie es auf der rechten Seite in 8 mm Abstand von der Kante fest.

UNSICHTBAR

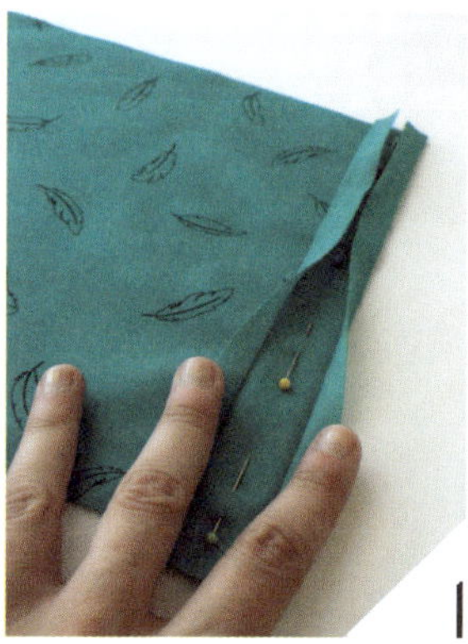

1

Falten Sie das Schrägband auseinander und stecken Sie es mit der rechten Stoffseite nach unten Kante auf Kante auf der rechten Stoffseite fest.

2

Steppen Sie mit Geradstich in der Mitte des Schrägbands in 1 cm Abstand von der Kante entlang. Danach schneiden Sie die Nahtzugaben (Schrägband und Stoff) in 2 mm Abstand von der Naht weg.

3

Schlagen Sie das Schrägband zur linken Stoffseite ein, sodass ein Umschlag auf der Naht entsteht.

4

Steppen Sie mit Geradstich und auf der linken Seite in 8 mm Abstand von der Kante entlang. Diese Naht muss gleichmäßig aussehen, denn sie wird auf der rechten Seite des Kleidungsstücks zu sehen sein.

EIN SCHRÄGBAND HERSTELLEN

Wenn Sie ein Schrägband annähen möchten, das zum Stoff Ihres Modells passt, können Sie es mit folgender Technik selbst herstellen.

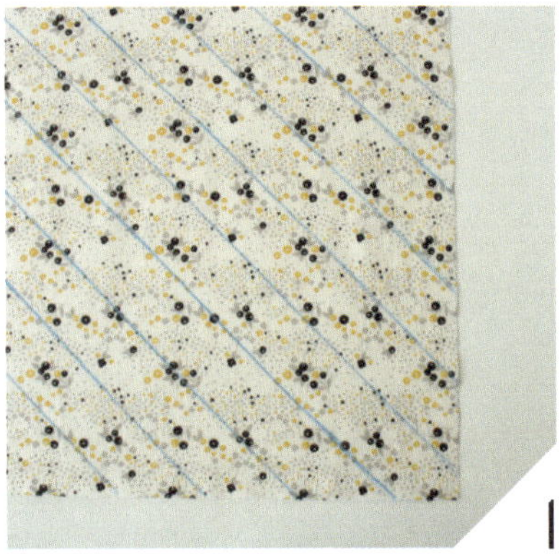

1

Zeichnen Sie mit Kreide den Schrägstreifen auf. Er verläuft in einem Winkel von 45 Grad zur Webkante des Stoffes.

Zeichnen Sie parallele Linien im Abstand von 35 mm.

2

Schneiden Sie die Streifen zu. Die Streifen sind alle je nach verfügbarem Stoff verschieden lang.

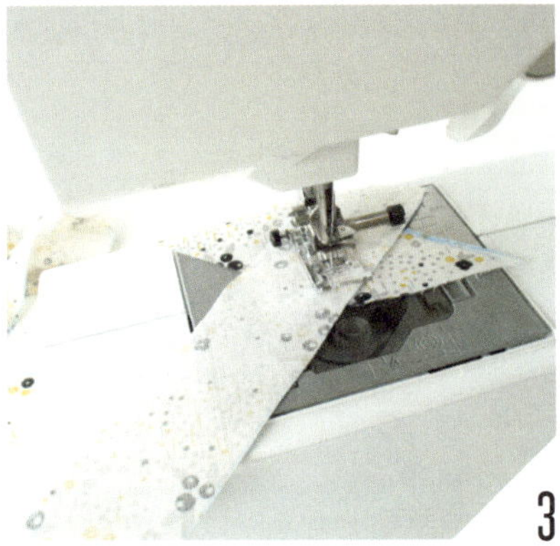

3

Nähen Sie die Streifen mithilfe der Nähmaschine zusammen. Legen Sie zwei Streifen rechtwinklig übereinander und steppen Sie sie diagonal ab.

4

Bügeln Sie die Nahtzugaben auseinander und schneiden Sie sie bis auf 2 mm weg.

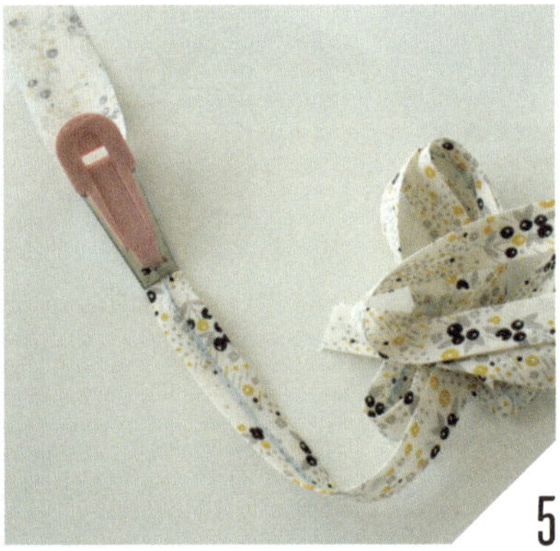

5

Schieben Sie den Stoffstreifen mittig in die breitere Rückseite des Schrägbandformers und bügeln Sie das herauskommende, fertig gefalzte Schrägband nach und nach. Sie brauchen einen Schrägbandformer, der die Breite des von Ihnen gewünschten (gefalzten) Schrägbands hat. Im Foto brauchen wir z. B. einen Former für ein ungefähr 1 cm breites gefalztes Schrägband, also 18 mm Breite.

6

Falten Sie das Schrägband der Länge nach mithilfe des Bügeleisens.

KNÖPFE MIT STOFF BEZIEHEN

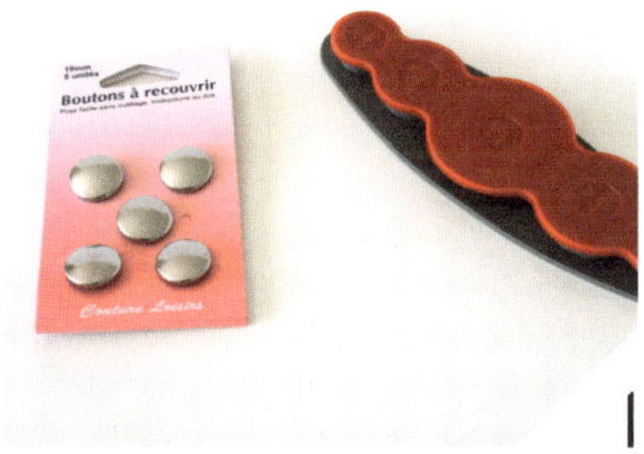

1

Sie brauchen für die Herstellung Ihrer Knöpfe folgende Utensilien:

- beziehbare Knöpfe (aus Metall oder Plastik)
- Werkzeug zum Beziehen von Knöpfen mit mehreren Durchmessern
- eine Schablone mit dem Durchmesser Ihres Knopfes

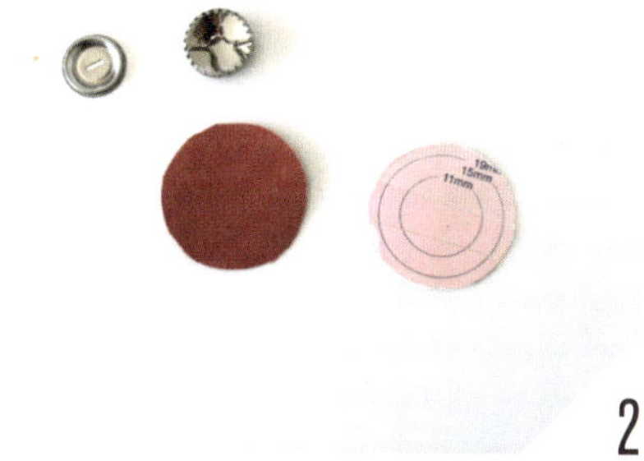

2

Schneiden Sie mithilfe der Schablone einen Stoffkreis aus.

3

Mit Nadel und Faden einmal um den Kreis herumnähen. Zuvor müssen Sie einen dicken Knoten an Ihrem Fadenende machen.

4

Legen Sie den Knopf mit der Vorderseite nach unten in die Mitte des Stoffkreises und ziehen Sie den Faden an. Der Stoff kräuselt sich dabei um den Knopf.

5

Legen Sie die Rückseite des Knopfes darauf, um ihn zu schließen.

Legen Sie Ihren Knopf in das Gummiteil Ihres Werkzeugs (in das Loch mit dem Durchmesser Ihres Knopfes) und drücken Sie ihn fest an. Wenn Sie ein „Klick" hören, ist Ihr Knopf bezogen.

6

Wir empfehlen Ihnen bei Knöpfen aus feineren Stoffen, diese für einen besseren Halt und um jegliche Transparenz zu vermeiden mit einem zweiten Stoff zu unterlegen.

EINEN REISSVERSCHLUSS VERDECKT EINNÄHEN

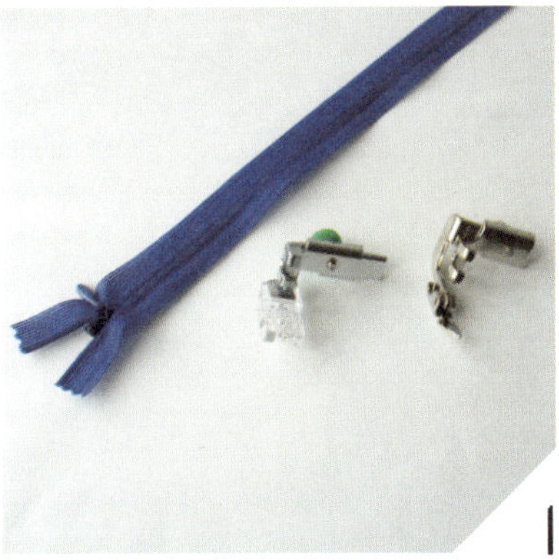

1

Für diese Technik brauchen Sie zwei spezielle Nähfüße: einen einseitigen Reißverschlussfuß und einen verstellbaren Paspelfuß. Lassen Sie sich von Ihrem Nähmaschinenhändler beraten, welche Füße für Ihr Nähmaschinenmodell geeignet sind.

2

Legen Sie eine Seite des Reißverschlusses auf den Stoff, rechts auf rechts und Kante auf Kante. Stecken Sie den Reißverschluss fest.

3

Mithilfe des speziellen Reißverschlussfußes nähen Sie mit Geradstich langsam möglichst dicht an den Krampen entlang und öffnen dabei den Reißverschluss nach und nach mit dem Finger.

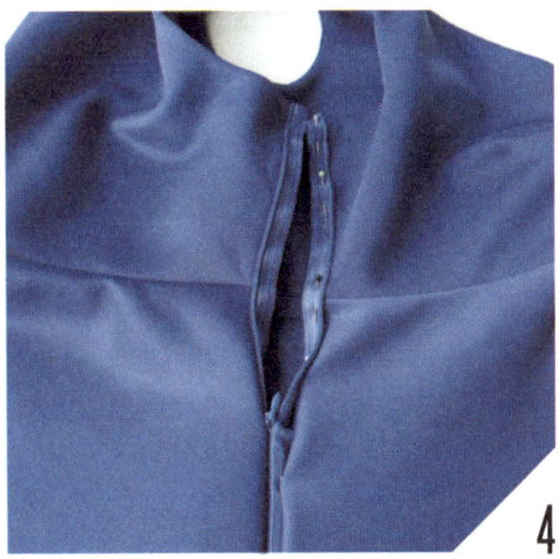

4

Gehen Sie genauso an der zweiten Seite vor. Bevor Sie anfangen zu nähen, schließen Sie den Reißverschluss, um zu überprüfen, ob er richtig sitzt.

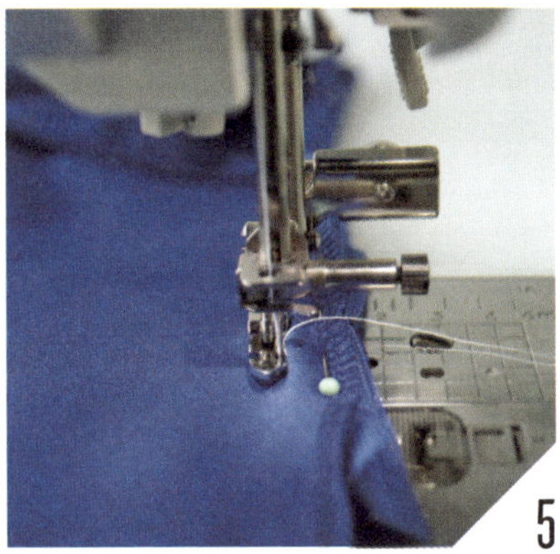

5

Steppen Sie mit dem verstellbaren Paspelfuß um den Reißverschluss herum. Das ist eine schwierige Näharbeit, die sehr exakt durchgeführt werden muss. Es wird knapp an den Krampen des Reißverschlusses entlanggenäht, ohne dass er dabei eingenäht wird.

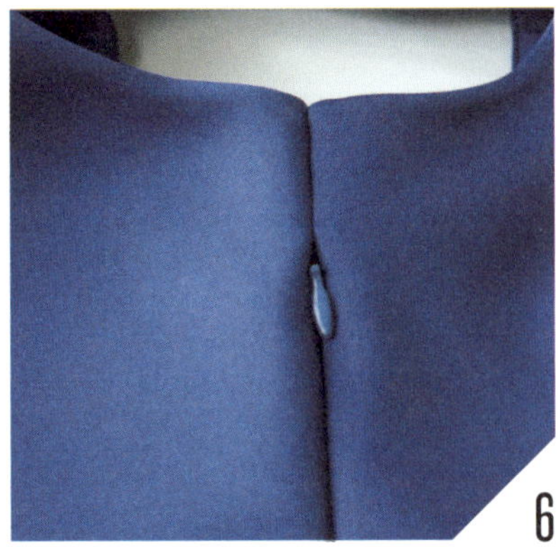

6

Bügeln Sie die Nahtzugaben auseinander, aber führen Sie das Bügeleisen nicht direkt über den Reißverschluss, damit er nicht schmilzt.

TIPP!

Wenn Sie im Kurzwarenhandel keinen Reißverschluss in der passenden Länge finden, können Sie einen längeren kaufen. Sie nähen ihn dann bis zur gewünschten Länge ein, teilen ihn dabei von oben und schneiden dann oben den überstehenden Teil ab, wenn das Einnähen beendet ist.

EINEN ÄRMEL EINSETZEN

1

Bevor Sie Ihre Ärmel einsetzen, müssen Sie sie über ihre ganze Länge rechts auf rechts zusammensteppen und das Vorderteil und Rückenteil des Kleidungsstücks an der Seite und der Schulter zusammennähen. Steppen Sie bei 1 cm Nahtbreite, rechts auf rechts, und versäubern Sie die Nähte.

2

Der obere Teil des Ärmels, die Armkugel, wird eingehalten.
Siehe »Einkräuseln«, Seite 148.

In diesem Schritt wird dem oberen Teil des Ärmels eine runde Form gegeben.

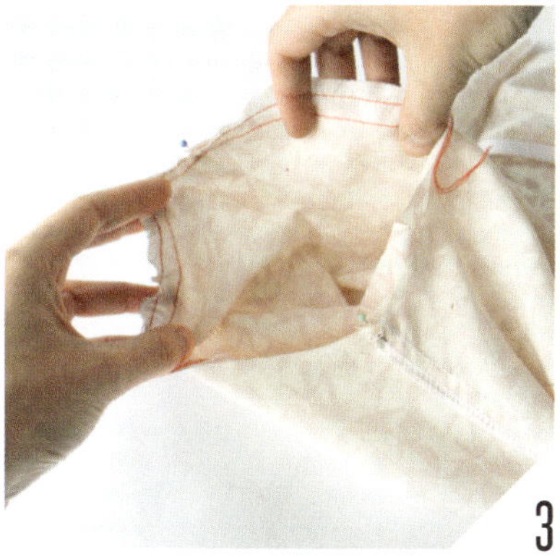

3

Wenden Sie den Ärmel auf die rechte Seite und das Kleidungstück auf die linke Seite. Stecken Sie nun den Ärmel in das Kleidungsstück und achten Sie darauf, dass die Seitennähte exakt aufeinanderliegen. Auch die Schnittmustermarkierungen müssen genau aufeinandertreffen: Die Markierung für die Mitte des Ärmels sollte exakt auf die Schulternaht passen.

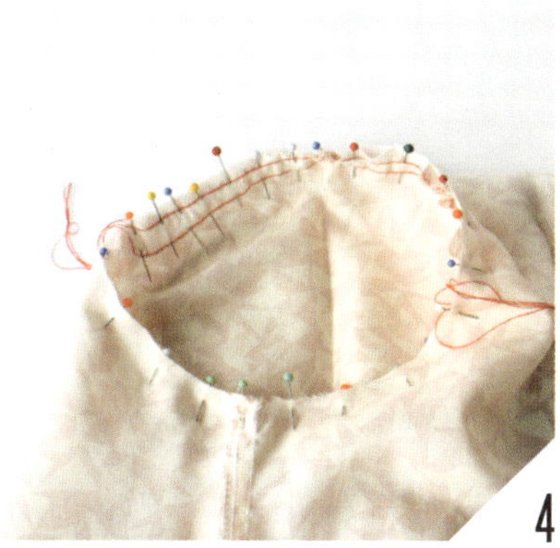

4

Stecken Sie den Ärmel mit vielen Stecknadeln auf der Ärmelseite an das Kleidungsstück. Verteilen Sie die eingehaltene Weite (der überschüssige Stoff am Ärmel) und geben Sie der Armkugel durch die leichte Kräuselung die gerundete Form, die sie nach dem Einsetzen braucht.

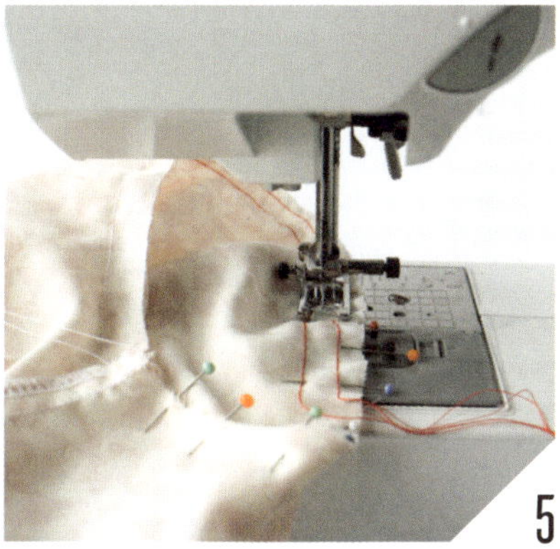

5

Steppen Sie langsam in 1 cm Abstand von der Kante und verteilen Sie die eingehaltene Weite gleichmäßig, damit keine Fältchen entstehen. Der Ärmel muss oben liegen (mit der linken Seite zu Ihnen). Beginnen Sie an den Seitennähten mit dem Steppen.

6

Überprüfen Sie Ihre Naht auf der rechten Seite und ziehen Sie die Kräuselfäden heraus. Bügeln Sie die Nahtzugaben in den Ärmel.

EINE PASPEL ANBRINGEN

Eine Paspel ist ein Stoffstreifen, in den eine Kordel eingelegt ist. Damit können Sie Ihre Nähprojekte verschönern, insbesondere wenn Sie einen farbigen Paspelstreifen oder einen aus einem anderen Stoff nehmen.

Wie Schrägband können Sie Paspelband entweder im Kurzwarenhandel kaufen oder ihn aus Ihrem Stoff selbst herstellen.

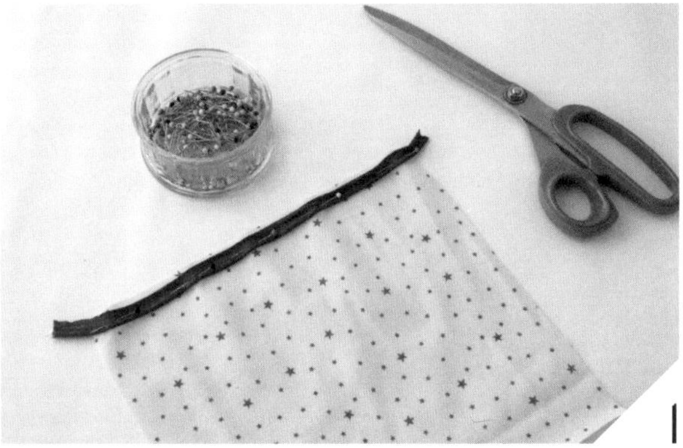

1

Legen Sie das Paspelband auf der rechten Stoffseite an die Stoffkante und stecken Sie es fest. Die Paspelseite mit der Kordel zeigt nach innen.

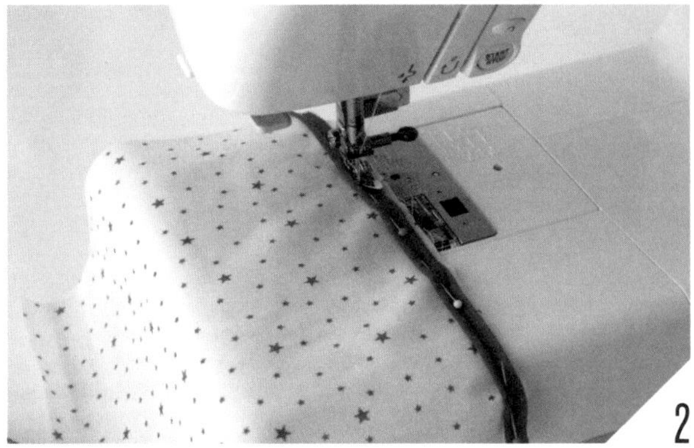

2

Steppen Sie mithilfe des Paspelfußes dicht an der Kordel entlang.

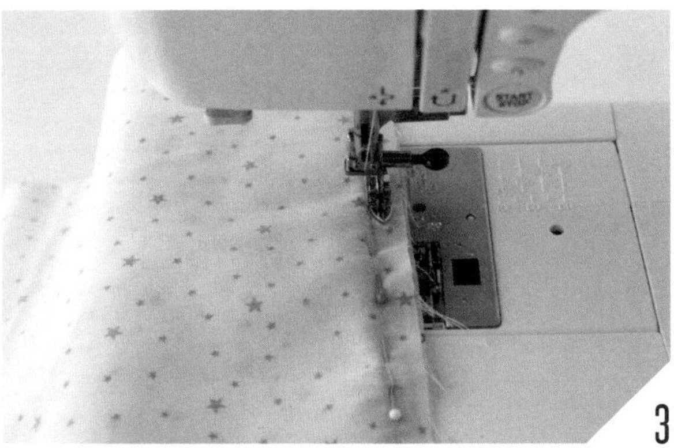

3

Legen Sie die beiden Stoffteile rechts auf rechts aufeinander und steppen Sie erneut auf der ersten Naht. Achten Sie darauf, dass Sie so dicht wie möglich an der Kordel entlangsteppen, denn sonst wird die erste Naht auf der rechten Seite sichtbar.

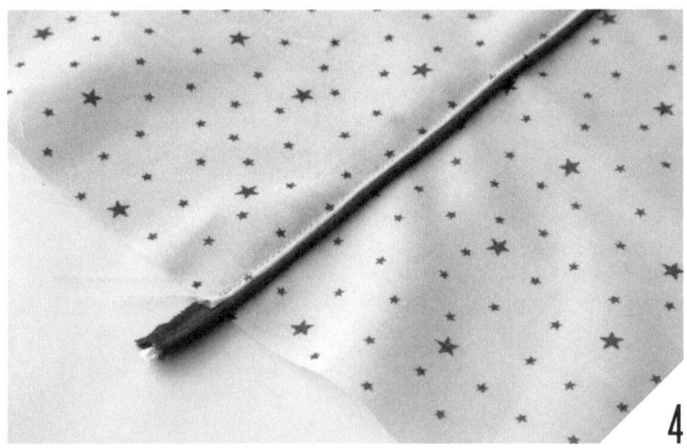

4

Steppen Sie auf der rechten Stoffseite möglichst dicht an der Paspel vorbei und fassen Sie in die Naht die Nahtzugaben darunter ein.

EIN BAND HERSTELLEN

1

Schneiden Sie einen 4 cm breiten Stoffstreifen zu. Falten Sie den Stoffstreifen längs in der Mitte.

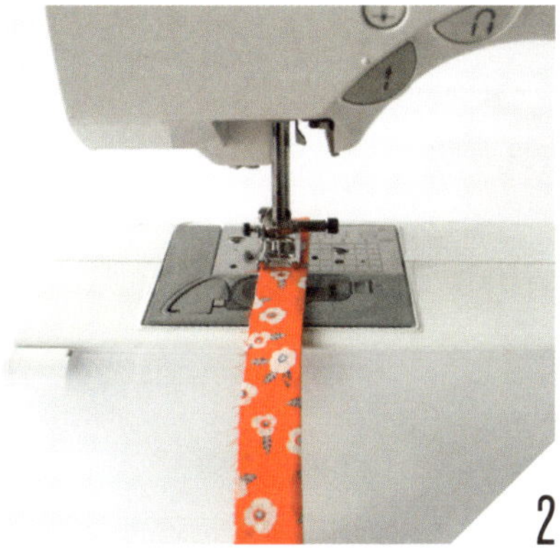

2

Steppen Sie über die ganze Länge in 1 cm Abstand von der Kante.

3

Schneiden Sie die Nahtzugaben ungefähr 2 mm von der Naht entfernt weg.

4

Wenden Sie das Band mit einer Wendehilfe nach rechts.

5

Bügeln Sie das Band auf rechts.

6

Machen Sie an den Enden kleine Knoten. Sie können auch von Hand einen kleinen Saum an den Enden nähen.

EINKRÄUSELN

Durch das Einkräuseln, Einreihen oder Einhalten verringert man die Stoffweite, wenn man einen längeren Stoffteil mit einem kürzeren zusammennäht.

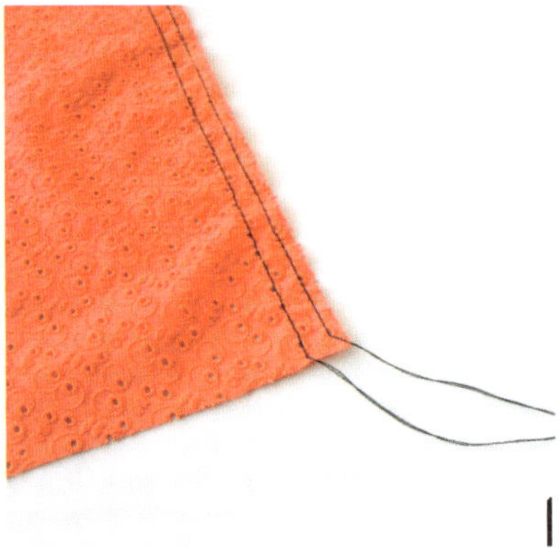

1

Bringen Sie auf der rechten Stoffseite mit Geradstich zwei parallele Hilfsfäden an der Stoffkante an. Der erste Hilfsfaden ist 7 mm vom Rand entfernt, der zweite 1,2 cm. Nehmen Sie dafür den Geradstich Ihrer Nähmaschine, stellen Sie dann die größte Stichlänge und die niedrigste Fadenspannung ein.

2

Verwenden Sie einen andersfarbigen Faden. Nähen Sie am Anfang und am Ende Ihrer Naht nicht rückwärts und lassen Sie ein gutes Stück Faden überstehen. Verknoten Sie die Hilfsfäden auf jeder Seite miteinander.

3

Schieben Sie den Stoff mit Ihren Fingern zusammen, indem Sie mit einer Hand die Fadenenden halten und mit der anderen Hand den Stoff schieben. Achten Sie darauf, dass Sie nur zwei der vier Hilfsfäden in der Hand halten.

4

Wenn der eingereihte Stoff die gleiche Breite wie Ihr zweites Stoffteil hat und gleichmäßig gekräuselt ist, stecken Sie die beiden Stoffteile Kante auf Kante und rechts auf rechts zusammen.

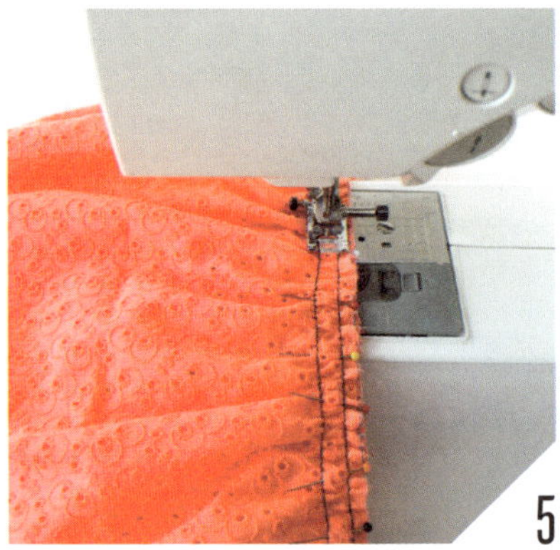

5

Stellen Sie die Stichlänge und die Fadenspannung auf ihre normale Stellung. Steppen Sie dann auf der linken Stoffseite zwischen den beiden Heftfäden in 1 cm Abstand von der Kante. Wechseln Sie dafür die Fadenfarbe in Ihrer Nähmaschine.

6

Entfernen Sie die Heftfäden mit einem Pfeiltrenner.

JERSEY NÄHEN

Hier ein paar Ratschläge, wie Sie am besten Jersey nähen. Zögern Sie nicht, erst einmal mit Stoffresten zu üben, bevor Sie Ihr Nähprojekt beginnen.

IHREN STOFF VORBEREITEN UND ZUSCHNEIDEN

1/**Waschen Sie Ihren Stoff** vor dem Zuschnitt (vor allem, wenn er Elastan enthält).

2/**Der Fadenlauf.** Bei Jersey ist die Dehnbarkeit in der Höhe nicht die gleiche wie in der Breite. Achten Sie darauf, dass Sie Ihre Schnittteile richtig auf den Stoff legen, damit das Kleidungsstück dann gut fällt.

3/**Dehnbarkeit des Stoffes.** Die Schnittmuster in diesem Buch, die Jersey verwenden, sind für Stoffe mit mindestens 30 % Elastizität gedacht. Wenn Ihr Stoff weniger dehnbar ist, nähen Sie die nächste Größe über Ihrer üblichen Größe.

Um herauszufinden, wie dehnbar Ihr Stoff ist, schneiden Sie, ohne an ihm zu ziehen, ein 10 × 10 cm großes Quadrat aus. Stecken Sie es an einer Seite fest (z. B. auf Ihrem Bügelbrett) und ziehen Sie an der anderen Seite. Wenn Ihr Quadrat 12 cm erreicht, beträgt die Dehnbarkeit 20 %. Wenn es 14 cm breit wird, beträgt die Dehnbarkeit 40 %. Und so weiter …

4/**Ziehen Sie nicht an Ihrem Stoff,** während Sie ihn nähen.

IHREN STOFF NÄHEN

1/**Nadel.** Verwenden Sie spezielle Jerseynadeln für Ihre Nähmaschine.

2/Wählen Sie den **elastischen Stich** Ihrer Nähmaschine. Dann platzen Ihre Nähte nicht, wenn Sie Ihr Kleidungsstück tragen.

Sie brauchen Jersey nicht zu versäubern, denn er franst nicht aus.

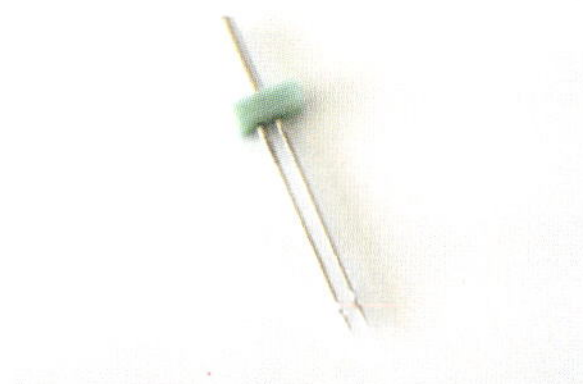

3/**Die Overlockmaschine.** Eine Overlockmaschine eignet sich ideal zum Jerseynähen und ermöglicht schöne dehnbare Nähte.

4/**Einen Saum in Jersey nähen.** Ersetzen Sie die Nadel Ihrer Nähmaschine durch eine Zwillingsnadel. Fädeln Sie zwei Fäden in Ihre Maschine. Der linke verläuft durch das Häkchen. Der rechte darf nicht eingehakt sein. Auskunft darüber sollte Ihre Nähmaschinenanleitung geben.

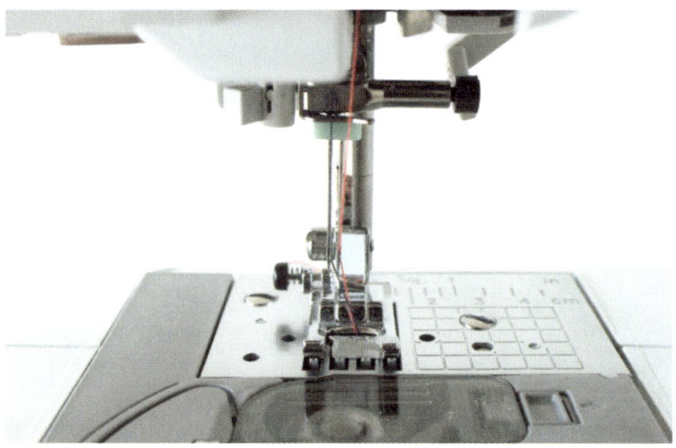

Diese Tipps werden Ihnen beim Nähen des T-Shirts für März, des Sweatshirts für Oktober, des Rocks für Oktober und des Kleides für November von Nutzen sein.

EINEN FLIESSENDEN UND FEINEN STOFF NÄHEN

Wenn Sie schon Erfahrung beim Nähen gesammelt haben, können Sie auch Stoffe nehmen, die schwerer zu verarbeiten sind. Hier ein paar Tipps, wie Sie fließende und feine Stoffe in den Griff bekommen können.

IHREN STOFF ZUSCHNEIDEN

Dieser erste Schritt ist extrem wichtig, wenn Sie mit feinen Stoffen arbeiten. Wenn Ihr Stoff nicht gut zugeschnitten ist, wird Ihr Kleidungsstück anders fallen, als Sie es sich vorgestellt haben.

1/**Auf den Fadenlauf achten.** Achten Sie beim Kauf eines Stoffes darauf, ob er im Fadenlauf geschnitten ist. Dafür müssen Sie an der Stoffkante reißen, nicht schneiden.

- Machen Sie einen kleinen Einschnitt an der Webkante des Stoffes.
- Reißen Sie dort den Stoff auseinander.

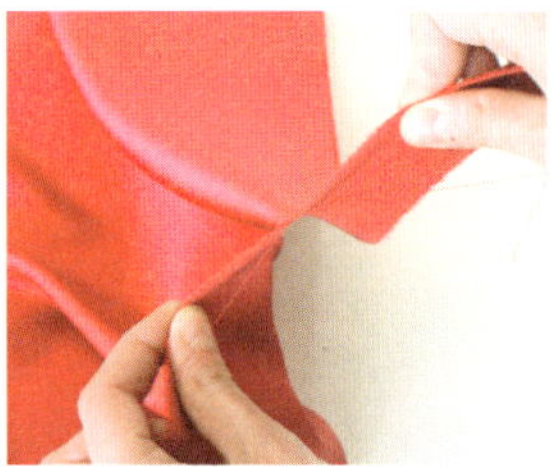

2/**Stärken.** Mit dieser Technik erhält Ihr Stoff vom Zuschneiden bis zum Nähen Festigkeit. Die Wäschestärke löst sich beim Waschen später wieder auf.

3/**Rutschigen Stoff** durch eine Unterlage sichern:

Wenn Ihr Stoff rutschig ist, legen Sie zum Zuschneiden am besten ein Tuch unter, das rutschfest ist. Dabei müssen Sie nur aufpassen, dass Sie es nicht mitschneiden!

4/**Schneiden Sie das Schnittmuster** und den Stoff zusammen mit Seidenpapier zu. Damit Sie genau zuschneiden können, stecken Sie zuerst Ihr Schnittmuster auf dem Stoff fest. Dann schneiden Sie das Schnittmuster und den Stoff gleichzeitig zu. Verwenden Sie Seidenpapier, damit Ihre spezielle Stoffschere nicht beschädigt wird.

IHREN STOFF NÄHEN

1/**Nehmen Sie einen Spezialfaden,** wenn Sie Seide nähen. Ein schöner Stoff verdient einen schönen Nähfaden! Sparen Sie nicht an der Qualität Ihres Fadens, der harmonische Nähte ergibt.

2/**Verwenden Sie Stecknadeln** und eine Nähmaschinennadel, die für Seide geeignet sind.

In fließenden und feinen Stoffen hinterlassen Nadeln Löcher. Nehmen Sie sehr feine Nadeln, die Ihren Stoff nicht beschädigen. Wählen Sie eine ebenso feine Nadel für Ihre Nähmaschine (Stärke 60 oder 70).

3/**Wenn nötig,** legen Sie beim Nähen Seidenpapier auf den Stoff.

Um Ihre Naht zu stabilisieren und zu verhindern, dass die Maschine den Stoff „frisst", legen Sie einen Bogen Seidenpapier auf Ihren Stoff, wenn Sie mit der Nähmaschine nähen.

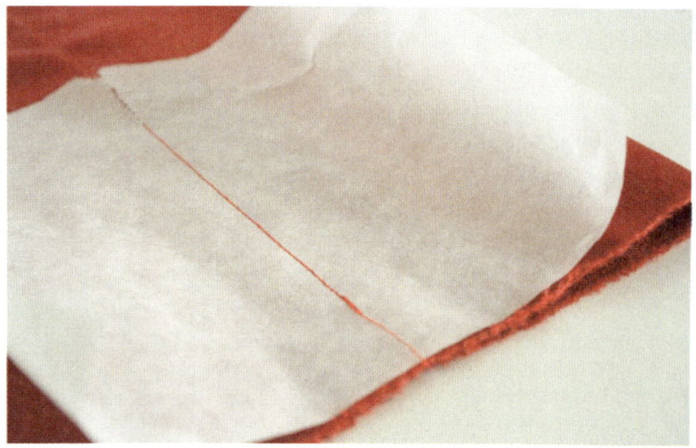

4/**Das Nähen an Stoffresten ausprobieren.** Bevor Sie sich ans Nähen machen und einen schönen Stoff zuschneiden, probieren Sie zunächst an Stoffresten aus, welche Stecknadeln und Nähnadeln geeignet sind, welches die beste Zuschneidemethode ist, welche Stärke sich eignet …

Diese Tipps werden Ihnen beim Nähen der Kleider für April, Juni und Dezember, für die in diesem Buch das Material Polyester-Krepp vorgeschlagen ist, von Nutzen sein.

DANK DER AUTORIN

Dieses Buch konnte dank Ihnen, liebe Leserin und Näherin, erscheinen. Dafür danke ich Ihnen herzlich und hoffe, dass ich dazu beitragen konnte, das Nähen zu Ihrer Passion zu machen.

Großer Dank gebührt der ganzen Mannschaft, die bei der Redaktion dieses schönen Buches mitgewirkt hat. Mélanie, Mélissa, Chloé, Charlotte, Laura (unter anderen!) – ein Traumteam, das mit viel Freude und Engagement dabei war, auch an den sonnigen Tagen des Fotoshootings.

Meine Schnitte wären nichts ohne die wunderschönen Stoffe meiner Partner Stragier und Atelier Brunette. Sie haben mich zu den Modellen dieser selbst genähten Garderobe inspiriert.

Ich danke der Boutique Anna Ka Bazaar und der Terrasse des Petit Keller für den schönen Fotoshootingtag im 11. Arrondissement von Paris.

Schließlich widme ich dieses Buch Marc und Benjamin, den begeisterten Zuschauern meines täglichen kreativen Schaffens.

STRAGIER

Wollkleid für Januar ◆ Crêpe Pure Laine – Uni – Craie – 0000 3903
Wollkleid für Januar ◆ Doublure Satin – Uni – Ivoire – 0000 1981
Elegante Tasche für Januar ◆ Velours lisse miracle – Uni – Noir – 0000 2921
Elegante Tasche für Januar ◆ Sergé 215gr/m. – Uni – Noir – 0000 0442
Elegante Tasche für Januar ◆ Passepoil Lurex – Uni – Or clair – 0001 0893
Pyjama für Februar ◆ Fil à Fil – Pur coton – Uni – Bleu denim clair – 0000 0152
Steppjacke für März ◆ Jersey matelassé – Pixel – Blanc sur fond Noir – 0001 1761
T-Shirt für März ◆ Jersey Extra-Soft – Uni – Ivoire – 0001 3020
Etuikleid für April ◆ Crêpe Satin micro – Uni – Framboise – 0001 0367
Etuikleid für April ◆ Biais Liberty – 4288 Wilmslow Berry – D – 10 mm – 0001 0293
Romantische Bluse für Mai ◆ Tulle Plumetis – Uni – Porcelaine – 0000 3237
Romantische Bluse für Mai ◆ Popeline 32 fils/cm – Uni – Porcelaine – 0000 2805
Festliches Kleid für Juni ◆ Crêpe Satin micro – Uni – 976 – 0000 5064
Strandkleid für Juli ◆ Liberty Tana Lawn – 0025 mauvey – F – 0363 0025 F
Strandtasche für Juli ◆ Jersey Coton stretch – Rayé 5mm-3mm – Rose-Candy – 0001 1254
Strandtasche für Juli ◆ Popeline 32 fils/cm – Uni – Porcelaine – 0000 2805
Maxirock für August ◆ Fil à Fil – Pur coton – Uni – Jaune éclatant – 0000 5733
Hose für September ◆ Twill Laine micro bi-stretch – Uni – Gris Fonc. – 0001 2456
Sweatshirt für Oktober ◆ Sweatshirt Bouclettes – Coton métallisé – Uni – Or – 0001 1764
Strickkleid für November ◆ Jersey pure laine – Uni – Gris argent – 0001 0688
Mantel für November ◆ Sergé 215gr/m. – Uni – Rose Grenat – 0000 0444
Abendkleid für Dezember ◆ Crêpe Satin micro – Uni – Marine – 0000 2523
Abendtasche für Dezember ◆ Coton sergé Soft – Uni – Burgundy – 0001 2266
Abendtasche für Dezember ◆ Liberty Tana Lawn – Jody – D – 0363 4167 D

ATELIER BRUNETTE

Pyjama für Februar ◆ Blossom Shell
Minirock für März ◆ Blossom Night
Stirnband für April ◆ Blossom Coral
Geknöpfter Rock für Mai ◆ Tabby
Trägertop für August ◆ Angele
Hemdbluse für September ◆ Shine blue-black
Mantel für November ◆ Sparkle Powder Gold

Auf den Fotos der Arbeitsschritte sind Stoffe von Stragier, Atelier Brunette und Motif Personnel zu sehen.

Die Autorin und die Herausgeberin danken der Marke Janome sowie Laurent-Claude Schapira der Firma Exact.

ISBN 978-3-517-09628-5

1. Auflage 2017

Das vorliegende Buch ist eine Übersetzung aus dem Französischen.
Titel der Originalausgabe: Ma garde-robe à coudre pour toute l'année.

Redaktionsleitung: Dr. Harald Kämmerer
Projektleitung: Stefanie Heim
Übersetzung: SAW Communications, Mainz, Sabine Tessloff
Redaktion, Satz und Producing: SAW Communications,
Redaktionsbüro Dr. Sabine A. Werner, Mainz,
in Zusammenarbeit mit Anke Enders, alles mit Medien, Mainz
Layout: Vanessa Paris
Fotografien: Charlotte Legendre-Brunet
Modedesign: Charlotte Auzou
Model: Laura Vidal
Illustrationen: Charlotte Auzou
Schnittmusterzeichnungen: Laurent Stefano
Vielen Dank an Mélissa Lagrange und Vermania Martet für ihre Hilfe.
Umschlaggestaltung: independent Medien-Design, München,
unter Verwendung einiger Fotos von © by Mango, Paris, France 2016/Charlotte Legendre-Brunet

Druck und Bindung: DZS Grafik, Ljubljana
Printed in Slovenia

FSC
www.fsc.org
MIX
Papier aus verantwortungsvollen Quellen
FSC® C112556

Verlagsgruppe Random House FSC® N001967